<그리스도인이면 꼭 알아야 할 성경 지식>

마태복음

제3권 왕국의 연기와 천국의 신비들(13-17장)

서울솔로몬학교 성경연수원

차 례

이 책에 인용된 성경 구절은 〈한글킹제임스성경〉입니다.

제1과

왕국이 연기된 이유

(13장)

『또 이사야의 예언이 그들에게 이루어졌으니, 말하기를 '너희가 듣기는 들어도 깨닫지 못할 것이요, 또 보기는 보아도 알지 못하리라』(마 13:14).

성경의 주제

〈천년왕국, 역사의 황금시대〉

"**천년왕국**"(Millennial Kingdom)은 하나님의 아들이신 주 예수 그리스도를 통해 이 땅을 통치하시려는 하나님의 목적이 온전히 성취되는 때로서 모든 "**예언의 완성**"이요, 이 땅의 역사의 "**황금시대**"이다.

이 기간에 사탄(적그리스도)은 그의 보좌에서 쫓겨나고, 의의 왕이요, 화평의 왕이신 예수 그리스도께서 왕의 보좌에 오르실 것이다. 큰 용이자 옛 뱀인 마귀가 쫓겨날 때, 그의 정사들과 권세들, 이 세상 어두움의 주관자들, 높은 곳들에 있는 영적 악(엡 6:12), 주님께서 보시기에 깨끗하지 못한 모든 자들도(욥 15:15) 함께 쫓겨날 것이다.

<u>왕이신 주 예수 그리스도께서 이 땅에 다시 오실(재림) 때까지는 절대로 이 세상에 평화가 있을 수 없다</u>. 주님께서 오시면 민족들은 자신들의 칼들을 쳐서 보습을 만들 것이고, 창들을 쳐서 낫을 만들 것이다(미 4:3,4). 국가들은 더 이상 군비 경쟁을 하지 않아도 되고, 군사력을 확대하거나 전함을 만들지 않아도 된다. 군용 선박은 바다에서 녹이 슬 것이며, 총들과 대포들에 사용된 모든 철은 녹여서 농기구를 만드는 데 사용될 것이다. 지상의 대규모 군대는 해체되고, 고갈된 이 땅의 자원들은 다시 보충될 것이며, 정치적인 뇌물도 완전히 사라질 것이다.

1. 성경의 주제는 "왕국"이다.

➡ "역사책"인 성경의 본질적인 주제는 인간의 "선"이나 "구원"(또는 구속)이 아니라 "왕국"(Kingdom)이다. 하나님께서는 "세상의 기초를 놓으셨을 때"부터 정부, 통치, 보좌를 특징으로 하는 왕국을 준비하셨고(마 25:34), 종국에는 사탄의 끊임없는 방해에도 불구하고 태초에 계획하셨던 그 완전한 왕국을 완성하실 것이다.

『이는 우리에게 한 아이가 태어났고 우리에게 한 아들이 주어졌음이니, 정부가 그의 어깨 위에 있을 것이요, 그의 이름은 경이로운 분이라, 상담자라, 능하신 하나님이라, 영원하신 아버지라, 화평의 통치자라 불리리라. 그의 정부와 화평의 증가함이 다윗의 보좌와 그의 왕국 위에 바르게 세워지고, 지금부터 영원까지 공의와 정의로 그것을 굳게 세우는 데 끝이 없으리라. 만군의 주의 열성이 이것을 실행하시리라』(사 9:6,7).

2. "천국"(Kingdom of Heaven)과 "하나님의 나라"(Kingdom of God)

〈천국〉	〈하나님의 나라〉
문자적 · 물리적인 왕국	영적인 왕국(롬 14:17)
눈에 보이는 실제 왕국	눈에 안 보이는 내적 왕국(눅 17:20,21)
지상 왕국(마 19:28)	땅에 속하지 않는 왕국
정치적인 왕국(사 9:6,7)	"비"정치적인 왕국
먹고 마시는 왕국(눅 22:30)	먹고 마실 수 없는 왕국(롬 14:17)
메시아를 영접할 때 들어감	거듭날(born again) 때 들어감(요 3:3,5)
〈천년왕국〉 (Millennial Kingdom)	① 천국과 하나님의 나라가 완전히 합쳐진 지상 왕국 ② 천 년간(계 20:1-7) 지속되는 왕국

연기된 왕국

이제(마태복음 1-12장의 상황) 예수 그리스도께서는 태초에 하나님께서 계획하신 온전한 왕국, 즉 물리적인 왕국과 영적인 왕국이 동시에 구현되는 "메시아 왕국"을 세우실 찰나에 있었다. 그러나 문제가 생기고 말았다. 이스라엘 백성들이 그들의 왕을 거부한 것이다. 하나님께서 이스라엘을 선택하신 이후로 유대인 중심으로 흘러왔던 이 왕국은 과거에 한 번 붕괴되었다가(바빌론 포로) 다시 온전히 회복될 수 있는 이 중요한 시점에서 또 한 번 위기를 맞았다.

두 왕국의 합법적인 왕이 오셨고, 왕의 백성들도 약속의 땅에 집결해 있었으며, 왕국의 기틀이라 할 수 있는 법령(마 5-7장)까지 선포된 마당에, 안타깝게도 그들은 일생일대의 중요한 기회를 놓치고 말았다. 그들이 그들의 왕을 십자가에 못 박아 죽인 것이다. 백성들이 왕을 죽였고, 인간들이 하나님의 아들을 죽인, 역사상 가장 모순되고 참혹한 사건이 아닐 수 없었다. 이로 인해 진정한 왕이 오셨음에도 불구하고, 결국 왕국은 예수 그리스도의 초림 때 세워지지 못하고 재림 때(결과적으로는 약 2천 년 뒤)로 연기되고 말았다. 이번 왕국 수립의 실패 원인은 지금까지의 여느 인간 왕처럼 "왕"에게 있지 않았고, 마음이 완고하고 타락한 "백성들"에게 있었다. 그들이 왕을 받아들였다면 초림 당시에 구약의 모든 예언이 성취되면서 이 땅에 완전한 왕국이 세워졌을 것이다. 하지만 왕국의 역사는 그렇게 흘러가지 않았다.

■ 새롭게 깨달았거나 적용할 내용이 있다면 적어 보세요. ■

연기된 이유 : 왕국의 백성들이 거부했기 때문

1. 눈이 감기고, 귀가 둔해지고, 마음이 무디어졌다(사 6:9,10).

『그러므로 내가 그들에게 비유로 말하노니, 이는 그들이 보아도 보지 못하고 들어도 듣지 못하며 또 깨닫지도 못함이라. 또 이사야의 예언이 그들에게 이루어졌으니, 말하기를 '너희가 듣기는 들어도 깨닫지 못할 것이요, 또 보기는 보아도 알지 못하리라. 이 백성의 마음이 무디어지고, 그들의 귀는 듣는 데 둔하고, 그들은 자기들의 눈을 감았으니, 이는 그들이 어느 때라도 눈으로 보지도 못하고 귀로 듣지도 못하며 마음으로 깨닫지도 못하고 회심하지도 못하게 되어 나로 그들을 치유하지 못하게 하려 함이라.'고 한 것이라』(마 13:13-15).

1) 선지자 이사야의 예언은 신약에서 인용될 때 주로 유대인들이 예수 그리스도와 하나님의 말씀을 "거부하는 상황"에서 인용된다.

(1) 마태복음 13:14,15

➠ 메시아이신 예수 그리스도께서 거부당하신 이후(마 11,12장) 새롭게 펼쳐질 경륜(교회 시대)에 적용되는 "천국의 신비들"을 언급하는 상황 속에서 인용된다.

(2) 요한복음 12:39-41

➠ 마지막 만찬을 행하시기 직전, 예수 그리스도께서 행하신 기적들을 보고서도 믿지 않고 거부하는 이스라엘 백성을 향해(요 12:37) 인용된다.

(3) 사도행전 28:26-28

➡ 로마에서 사도 바울이 마지막으로 유대인들에게 "은혜의 복음"을 전파했으나 그들이 거부한 상황 속에서 인용된다.

2) 하나님께서는 그분과 그분의 말씀을 거부한 백성에게 "깊은 잠의 영"을 보내시어 눈을 감기게 하셨다.

> 『이는 **主**께서 깊은 잠의 영을 너희에게 부어 주사 너희의 눈을 감기게 하셨음이니 그가 선지자들과 너희 치리자들과 선견자들을 가리셨느니라』(사 29:10).

2. "표적의 소리"에 경청하지 않았다.

> 『만일 그들이 너를 믿지 아니하고 처음 표적의 소리에 경청하지 아니하면, 그들이 나중 표적의 소리를 믿으리라』(출 4:8). 『**주** 너의 하나님께서 네 가운데로부터 네 형제들 가운데서 나와 같은 한 선지자를 네게 일으키시리니 너희는 그에게 경청할지니라』(신 18:15).

1) 이스라엘 백성은 "모세와 같은 한 선지자"로 오신 **예수 그리스도께서 구약에서 예언된 메시아요, 하나님의 아들로서 행하시는 "표적들의 소리"에 경청하지 않았다.** "처음 표적의 소리"에 경청하지 않았음은 물론이거니와 "나중 표적의 소리"도 믿지 않았다.

2) 결국 어떤 표적에 대해서도 경청하거나 믿으려는 자세가 없으면서 계속 표적을 구하기만 했던 그 "악하고 음란한 세대"에게 예수님께서는 "마지

막 표적"을 제시하셨는데, 바로 "요나의 표적"이었다(마 12:39,40; 16:4).

『요나가 사흘 낮과 사흘 밤을 고래 뱃속에 있었듯이, 인자도 그처럼 사흘 낮과 사흘 밤을 땅의 심장 속에 있을 것이라』(마 12:40). 요나의 실제적인 죽음과 부활은 "예수 그리스도의 죽음과 부활"을 말하는 표적이었고, 그러한 부활은 예수님께서 "하나님의 아들"이요(롬 1:4), "주"와 "그리스도"이심을(행 2:36) 증거해 주는 확실한 표적이었던 것이다. <u>이렇듯 왕의 지상 사역의 마지막은 그분께서 행하셨던 많은 표적들 가운데 가장 초자연적이고 너무나 분명한 사건으로 장식된다</u>. 당시의 악하고 음란한 세대인 유대인들은 이 "마지막 표적의 소리"에라도 경청했어야 했다. 하지만 그들은 끝끝내 거부하고 말았다(행 7:51-60).

3. "영적이고 도덕적인 왕국"을 간과했다.

1) 이스라엘 백성은 로마 제국을 쓸어버리고 이스라엘을 "물리적으로" 해방시킬 "정치적인 왕"만 기대했다.

2) "물리적인 왕국"(천국)이 도래하기 위해서는 먼저 "<u>영적이고 도덕적인 왕국(하나님의 나라)이 마음속에(눅 17:21) 임해야 하고(마 12:28), 또한 그 나라 안으로 들어가야 한다는(마 19:24; 21:31, 눅 16:16) 사실</u>"을 이해하지 못했다.

(1) 왕국의 도래를 위한 "회개"와 "도덕적인 의"를 촉구했던 구약 선지자들의 경고를 잊었다.

(2) 왕이신 예수 그리스도께서 산상설교(마 5-7장)를 통해 백성들이 갖

추어야 할 "도덕적인 의"와 "바리새인들보다 더 뛰어난 의"(마 5:20)를 강조하셨을 때 그 진의를 제대로 파악하지 못했다.

(3) "하나님의 나라와 하나님의 의를 먼저 구해야 한다."(마 6:33)는 예수님의 말씀을 깨닫지 못했다.

(4) 『**보라, 세상 죄를 제거하는 하나님의 어린양이라.**』(요 1:29)라고 말했던 마지막 선지자(마 11:9,13) "침례인 요한"의 외침도, 양같이 길을 잃은 백성들의 죄악으로 인해 고난받으시는 메시아(사 53:1-12)에 대해 예언한 "선지자 이사야"의 외침도 이해하지 못했다.

3) "**죄가 없는 완벽한 의로 통치되는 왕국**"이 세워지기 위해서는 "죄 없는 왕"께서 오셔서 "**백성들의 죄 문제를 먼저 해결하셔야**" 하고, 백성들은 그러한 메시아를 왕으로 받아들여야 한다는 사실을 간과했다.

『그녀가 한 아들을 낳으리니 너는 그의 이름을 **예수**라 하라. 이는 그가 자기 백성을 그들의 죄들에서 구원할 것이기 때문이니라."고 하니라』(마 1:21).

영적인 왕국에 대해서는 안중에도 없고 종교적이고 형식적인 경배와 의식에만 사로잡혀 있던 대부분의 유대인들(특히 종교 지도자들)은 이런 말씀들을 납득할 수가 없었다. 그래서 그들의 죄를 지적하면서 도덕적인 원칙과 영적인 하나님의 나라를 제시하신 예수님이 못마땅했던 것이다. 결국 그들은 왕국으로 들어가기 위한 조건을 충족시키지 못한 채 죄 없으신 왕을 거부하고 말았다. 『**카이사 외에는 우리에게 왕이 없나이다**』(요 19:15). 『**그를 십자가에 못박으소서**』(마 27:22,23). 그런데 이 십자가의

죽으심으로 새 언약의 피가 흘려졌을 때(마 26:28), 유대인뿐 만 아니라 이방인을 위한 구속의 길이 마련되었다(히 9:12, 요 3:16). 이로써 물리적인 왕국은 유대인들에게서 점점 멀어지더니 미래의 재림 때까지 연기되고 말았다. 즉 왕국에 대한 유대인들의 혼란이 그런 불행한 결과를 초래했던 것이다.

■ 새롭게 깨달았거나 적용할 내용이 있다면 적어 보세요. ■

제1과
복습문제

1. 성경의 주제는 ( )이다.

2. 천국과 하나님의 나라는 성질이 같은 왕국이다. (O , X)

3. 천국과 천년왕국은 같은 왕국이다. (O , X)

4. 초림 당시에 왕국이 세워지지 못하고 연기된 이유는 영적 이스라엘인 교회가 배교했기 때문이다. (O , X)

5. 『또 ( )의 예언이 그들에게 이루어졌으니, 말하기를 '너희가 듣기는 들어도 깨닫지 못할 것이요, 또 보기는 보아도 알지 못하리라』(마 13:14).

6. 『만일 그들이 너를 믿지 아니하고 처음 ( )의 소리에 경청하지 아니하면, 그들이 나중 ( )의 소리를 믿으리라』(출 4:8).

7. 초림 당시의 이스라엘은 "물리적인 왕국"에만 집착한 나머지 "영적이고 도덕적인 왕국"을 간과했다. (O , X)

■ 복습 문제의 정답은 홈페이지(www.solomonbtc.org)에서 확인할 수 있습니다.

NOTES

NOTES

제2과

일곱 가지 천국의 신비들 (13장)

『그때 주께서 그들에게 말씀하시기를 "그러므로 천국에 관한 교훈을 받은 모든 서기관들은 마치 자기 보물창고에서 새 것들과 옛 것들을 꺼내 오는 집주인과 같으니라."고 하시더라』(마 13:52).

"천국의 신비"가 등장하게 된 배경

초림 당시 왕의 선두주자로서 사역한 "침례인 요한"은 백성들을 향해 "왕국이 가까이 왔다"고 선포했고(마 3:2), 뒤이어 예수님께서도 자신이 왕이요 메시아이심을 표적을 통해 증거하심으로써 "천국"을 전파하셨다. 『**회개하라, 천국이 가까이 왔느니라**』(마 4:17). **그러나 왕국의 백성인 유대인들이 왕과 그분의 왕국인 천국을 거절했다!** 그 결과 왕께서 불법자들의 손에 의해 십자가에 못 박혀 죽으심으로써 천국은 초림 때 이 땅에 세워지지 못하고 재림 때로 연기되고 말았다.

그렇다면 초림과 재림 사이의 기간에 "천국"은 어떻게 되는 것인가? 천국은 역사 전면에 드러나지 못하고 "**신비적인 형태**"로 감추어지는데, 이를 가리켜 성경은 『**천국의 신비들**』(마 13:11)이라고 말씀한다. 한편 천국이 감추어지는 이 기간에 "교회 시대"라고 하는 새로운 경륜이 펼쳐지고, **그와 동일한 기간에 천국을 모방한 "모조품 천국"이 등장하게 되는데, 이것이 바로 "기독교계"(Christendom)이다.** 이렇듯 "천국의 신비"는 백성들의 거부로 인해 어떻게 천국이 감추어지게 되는지와(초림) 감추어진 기간에는 어떤 경륜적인 변화가 있고 왕국의 역사는 어떻게 전개되어 나가는지(교회 시대), 그리고 그 천국이 재림 때 어떻게 다시 역사 전면에 드러나게 되는지 이런 일련의 변화들을 보여 주고 있다.

"천국의 신비" 개요

1. 천국의 신비의 "정의"

➠ 마태복음 13장에서만 "한 번" 등장하는 "천국의 신비(들)"(Mysteries of the Kingdom of Heaven, 11절)는 "**신비적인 형태로 감추어진 천국의 모습**"과 "**천국이 신비적인 형태로 감추어지는 일련의 과정**"을 설명하는 용어이다.

2. 천국의 신비의 "적용 시기와 범위"

1) 천국이 감추어지는 기간에 등장하는 것이므로 "**교회 시대**"에 "**세상과 기독교계 안에서 벌어지는 현상과 사건들**"에 적용된다.

2) 천국은 기본적으로 왕국이므로 "**왕국이 임하기 직전(초림, 재림)의 상황에서 벌어지는 일들**"이나 "**이 땅에 실제로 세워질 왕국 시대(천년왕국)에 있을 일들**"에 적용된다.

"천국"(Kimdom of Heaven)은 이 땅에 문자적으로 세워질 "실제적이고 가시적이며 정치적인" 나라로서 하나님께서 다스리시는 "신정통치 왕국"이다. "왕국"은 성경의 주제이자, 하나님과 사탄 간의 치열한 영적 전쟁의 주제이기도 하다. 즉 하나님께서 어떤 인간을 천국의 왕으로 임명하시면 사탄은 그 왕을 쓰러뜨리고 그 왕국을 탈취하는 것이다. 그러나 아무리 사탄이 그 왕국을 빼앗았다고 해도 그가 차지하고 있는 나라를

"천국"이라고 부를 수는 없다. 다만 "인간들의 왕국"(단 4:17,25) 이나 "세상 나라들"(눅 4:5, 계 11:15)로 불릴 뿐이다. 그래서 하나님의 왕국을 차지하려 하는 사탄은 자신이 다스리는 왕국을 하나님께서 다스리시는 천국과 비슷하게 보이게 하려고 모조품 하나를 만들어 냈으니, 그것이 바로 "기독교계"이다. "천국"과 "기독교계," 둘 다 왕국이라는 점에서는 공통적이지만, 분명하게 다른 점이 있다면 "천국"은 하나님께서 실제적으로(물리적으로) 다스리시는 왕국인 반면, "기독교계"는 하나님께서 다스리시는 왕국이 아니라 "이 세상의 신"(고후 4:4)이요, "이 세상의 통치자"(요 12:31; 16:11)인 사탄이 다스리는 왕국이다.

3. "천국의 신비"(마 13:11)와 "하나님의 나라의 신비"(막 4:11, 눅 8:10)

➡ "천국"과 "하나님의 나라"가 다르듯이 "천국의 신비"와 "하나님의 나라의 신비"는 서로 다르다. 다만 서로 공통되는 내용이 있을 뿐이다.

〈천국의 신비 - 7개〉 - 마태복음 13장 -	〈하나님의 나라의 신비 - 4개〉 - 마가복음 4장, 누가복음 8,13장 -
씨 뿌리는 자의 비유 (3-9,18-23절)	씨 뿌리는 자의 비유 (막 4:3-9,14-20, 눅 8:4-8,11-15)
밭의 독보리의 비유(24-30,36-43절)	×
겨자씨의 비유 (31,32절)	겨자씨의 비유 (막 4:30-32, 눅 13:18,19)
누룩의 비유(33절)	누룩의 비유(눅 13:20,21)
밭에 숨겨진 보물의 비유(44절)	×
진주 찾는 상인의 비유(45절)	×
그물의 비유(47-50절)	×
×	자라나는 씨앗의 비유(막 4:26-29)

일곱 가지 천국의 신비

1. 씨 뿌리는 자의 비유(내용 : 3-9절 ➡ 해석 : 18-23절)

1) 이 비유는 "다른 모든 비유를 해석하는 기초"가 된다. 『또 주께서 그들에게 말씀하시기를 "너희는 이 비유[씨 뿌리는 자의 비유]를 알지 못하느냐? 그렇다면 어떻게 모든 비유를 알겠느냐?』(막 4:13)

2) 기본적인 해석(18-23절)
   (1) "씨" ➡ "왕국의 말씀"(19절)
   (2) "씨 뿌리는 자" ➡ "예수 그리스도"
   (3) "땅의 상태" ➡ 말씀을 받는 사람의 "마음의 상태"(19절)

"뿌려지는 씨"가 "왕국의 말씀"(19절)으로 해석되는 마태복음의 관점("천국의 신비")에서는 "왕국 복음"으로 적용되지만, "하나님의 나라의 신비"를 다루고 있는 마가복음과 누가복음의 관점에서는 "말씀"(막 4:14) 또는 "하나님의 말씀"(눅 8:11)으로 해석되기에 교회 시대에 전파되는 "은혜의 복음"으로도 적용할 수 있다.

3) 왕국의 관점에 따른 해석
   ➡ "유대인의 왕과 천국"을 다루고 있는 마태복음의 관점에 따르면, "왕

국이 임하기 직전의 상황," 곧 "초림 당시"나 재림 직전인 "대환란 기간"에 "**왕국 복음**"이 전파될 때 그 복음을 받아들이는 "**네 부류의 사람들의 마음의 상태**"로 해석하고 적용해야 한다.

땅의 구분	땅의 유형	초림 당시 왕국의 관점에 따른 비유 해석
길가	새들이 와서 먹어 버림(4절)	① 새들 : 악한 자(마귀, 마귀들, 마귀의 종들) ② 마귀들이 마음에 뿌려진 말씀을 가로채 감 ③ 많은 사람들이 말씀을 들으나 마귀의 미혹에 넘어가 버림(**왕국을 거부함** - 마 11,12장, 이사야 예언 - 마음이 무디어짐)
흙이 많지 않은 돌짝밭	흙이 깊지 않아 곧 싹이 나오나, 해가 솟아오르자 시들었고, 뿌리가 없어 말라 버림(5,6절)	① 해 : 환난, 박해 ② 기쁨으로 말씀을 받지만, 말씀으로 인해 환난과 박해가 오면 실족함 ③ 처음에는 주님을 따라다니는 것 같지만, 결국 시험을 받으면 넘어짐
가시떨기 사이	가시떨기가 자라나서 그 기운을 막아 버림(7절)	① 가시떨기 : 세상의 염려와 재물의 미혹 ② 세상의 염려와 재물의 미혹이 말씀을 억눌러 열매를 맺지 못함 ③ 공회에서 쫓겨나는 것이 두려워 조용히 믿었던 상급관원들이나 니코데모 같은 사람들이 있었음
좋은 땅	30배 열매 60배 열매 100배 열매(8절)	① 말씀을 듣고 깨달아 열매를 맺음 ② 제자들(11명) : 30배 ③ 베드로, 야고보, 요한 : 60배 ④ 요한 : 100배

〈이사야의 예언이 삽입된 이유(10-17절)〉

예수님께서 청중들에게 천국에 관하여 비유로 말씀하기 시작하시자, 제자들은 "비유로 말씀하시는 이유"(10절)에 관해 묻게 되는데, 이에 예수님께서는 이사야의 말씀을 인용하시어 답하신다(14,15절). 여기서 이사야의 예언(사 6:9,10)이 삽입되어 있는 중요한 이유는, 마태복음 13장에 나오는 "천국의 신비들"이 "교회 시대"에 적용된다는 사실을 보여 주기 때문이다. 이스라엘이 "민족적으로 눈멀고 귀먹은 시대"는 주로 "교회 시대"를 지나 "대환란 때까지" 이어진다(사 6:11,12). 따라서 마태복음 13장의 천국의 신비들은 교회 시대에 세상과 기독교계 안에서 일어나는 일들을 주로 다루게 된다.

2. 밭의 독보리의 비유(내용 : 24-30절 ➠ 해석 : 36-43절)

1) 기본적인 해석(36-43절)
   - (1) "밭" ➠ "세상"(38절 ≠ "교회")
   - (2) "좋은 씨"(곡식) ➠ "왕국의 자녀들"(38절 ≠ 교회 시대 성도들)
   - (3) "나쁜 씨"(독보리) ➠ "악한 자의 자녀들"(38절, "실족케 하는 모든 것들과 불법을 행하는 자들" - 41절)
   - (4) "좋은 씨를 뿌리는 자" ➠ "인자"(37절, 예수 그리스도)
   - (5) "나쁜 씨를 뿌리는 자" ➠ "원수"(39절, 마귀)
   - (6) "추수" ➠ "세상의 끝"(39절)

➠ 성경에서 "끝"은 일반적으로 "**대환란 끝**"(마 24:3,6,13,14,21, 히 3:14; 6:11)을 가리키는데, 그날에는 의인과 악인이 완전히 분리되고, 현 세상과는 전혀 다른 새로운 세상("천년왕국")이 시작된다.

(7) "**추수꾼들**" ➠ "**천사들**"(39절)

(8) "**불**" ➠ "**불타는 용광로**"(42절, 울며 이를 가는 장소, 지옥)

(9) "**곳간**" ➠ "**아버지의 왕국**"(43절, 천년왕국)

2) **종합적인 해석**

현 세상(밭)에는 곡식과 독보리가 공존하며 살고 있다. 그러나 "추수 때," 곧 "세상 끝"(환란 시대의 끝)에 하나님께서는 천사들을 보내셔서 "왕국의 자녀들"과 "악한 자의 자녀들"을 분리하실 것이다. 이때 "곡식"으로 비유되는 "왕국의 자녀들"을 "하나님의 곡식 창고"(천년왕국)로 거두어들일 것이고, "독보리"로 비유되는 "마귀의 자녀들"을 불로 태우기 위해 한데 모아 단으로 묶을 것이다.

시기적으로는 이 비유가 아직까지는 곡식과 독보리가 공존하고 있는 교회 시대에 해당한다. 하지만 "천국(왕국)의 신비"라는 관점에서 볼 때, 천년왕국이 임하기 직전에 곡식으로 비유되는 "환란 성도들"은 천년왕국으로 들어가고 독보리로 비유되는 "구원받지 않은 죄인들"은 지옥의 불길 가운데로 떨어지는, 곧 곡식과 독보리가 완전히 분리되는 "대환란 끝"에 그 초점이 맞추어져 있다.

■ 새롭게 깨달았거나 적용할 내용이 있다면 적어 보세요. ■

3. 겨자씨의 비유(31,32절)

1) <u>잘못된 해석</u>

➡ "겨자씨"를 "교회"에 잘못 적용하는 사람들은 겨자씨가 자라나는 것을 "기독교나 기독교 문화가 전파되는 것"으로, 곧 "하나님의 나라와 천국이 확장되는 것"으로 잘못 설명한다.

2) <u>기본적인 해석과 종합적인 해석</u>

(1) "<u>밭</u>" ➡ "<u>세상</u>"(38절, "밭의 독보리의 비유"와 동일함)

(2) "<u>겨자씨</u>"

➡ 겨자씨는 "푸성귀 같은 나물"로 자라야 정상이지만, 이 비유에서는 "<u>나무</u>"가 되었으니, 곧 "<u>괴물같이 비대해진 비정상적인 성장</u>"을 한 것이다.

(3) "<u>씨를 뿌리는 어떤 사람</u>"

➡ 씨를 뿌린다고 해서 다 "인자"는 아니다. 만일 겨자씨가 비정상적인 성장을 하는 "나쁜 씨"라면 이 비유의 "어떤 사람"은 결코 인자일 수 없다.

(4) "<u>공중의 새들</u>" ➡ "<u>마귀, 마귀들, 마귀의 세력들</u>"(4,19절, "씨 뿌리는 자의 비유"와 동일함, 계 18:2)

비정상적으로 자라난 나무에 "공중의 새들," 곧 "마귀의 세력들"이 깃들었다면, 그것은 구약에서 예언된 "천국"

(왕국)이 아니며, 그리스도의 몸으로서의 "교회"도 아니다. 이것은 왕국이긴 하지만, "비정상적인 왕국"인 "기독교계"를 가리킨다. 기독교계 안에는 순수한 교회들보다 마귀들에게 정복당한 가짜 교회들이 훨씬 많다. 그러한 교회들에 "공중의 새들," 곧 "마귀들"이 깃들이는 것이다. 시기적으로는 "교회 시대"에 적용되는데, 말하자면 이 비유는 현 교회 시대에 비정상적인 왕국으로 커져 버린 "기독교계"의 모습을 보여 준다. 곧 기독교계 안에 마귀의 세력들이 둥지를 틀고 세력을 구축해 있는 모습, 또는 그리스도의 몸 된 교회 안으로 마귀가 세력을 확장시키려는 모습을 묘사하고 있는 것이다(눅 13:18,19).

4. 누룩의 비유(33절)

1) <u>잘못된 해석</u>

➡ **<u>이 비유를 "겨자씨의 비유"처럼 "교회"에 잘못 적용하는 사람들은 "누룩"이 "복음"이고, 누룩을 넣은 "여인"은 "교회"라고 주장한다</u>**. 그래서 누룩이 부풀듯이 교회가 전파하는 복음이 퍼져서 천국(하나님의 나라)이 전 세계에 확장될 것이고, 온 세상은 "기독교 왕국"이 될 것이라고 주장한다(카톨릭, 후천년주의자들).

2) <u>기본적인 해석과 종합적인 해석</u>

(1) "<u>누룩</u>" ➡ "<u>죄와 거짓 교리</u>"로

서 성경에서 단 한 번도 "긍정적인 의미"로 사용된 적이 없다.

❶ "<u>거짓 교리</u>"(마 16:6,12, 갈 1:6-9; 3:1-5; 5:9)

❷ "<u>죄</u>"(고전 5:8,10,11)

❸ "<u>불신과 회의주의</u>"(마 22:23-33)

❹ "<u>세속적인 것</u>"(마 22:16-21, 막 3:6; 8:15)

❺ "<u>위선</u>"(눅 12:1)

(2) "<u>어떤 여인</u>" ➠ "<u>로마카톨릭</u>"(창녀)인데, 성경에서 "여성"으로 묘사되는 세 부류는 다음과 같다.

❶ "<u>이스라엘</u>"(아버지 하나님의 아내, "처녀들" - 마 25:1-13)

❷ "<u>로마카톨릭</u>"(사탄 또는 적그리스도의 신부, 계 17,18장)

❸ "<u>교회</u>"(아들 하나님의 아내, "처녀" - 고후 11:2)

➠ "<u>어린양이신 예수 그리스도의 신부</u>"(계 19:7-9; 21:2)나 "<u>예수 그리스도의 아내</u>"(엡 5:23-32) 또는 "<u>순결한 처녀</u>"(고후 11:2)로 표현되지만 "어떤 여인"으로 불린 적은 단 한 번도 없다.

(3) "<u>가루 서 말</u>" ➠ "<u>로마카톨릭, 그리스정교, 프로테스탄트</u>"

"어떤 여인"이 "기독교계"(로마카톨릭, 그리스정교, 프로테스탄트) 안에 죄와 거짓 교리를 침투시킴으로써, 누룩이 전체를 부풀게 하듯이 이 세상은 주님께서 오실 때까지 죄악과 거짓 교리로 가득 찰 것이다. 특히 이 여인은 "창녀"인 "로마카톨릭"과 그에 연합한 교회들을 가리킨다. 곧 이들이 기독교계를 "누룩"(죄, 거짓 교리 등)으로 부풀리는 활동을 묘사하고 있는 것이다.

"겨자씨의 비유"와 "누룩의 비유"는 마가복음과 누가복음의 "하나님의 나라의 신비"에서도 발견된다. 이런 관점에서 보면 이 비유는 "기독교계"뿐만 아니라 거듭난 성도들로만 구성된 "참된 교회"에도 적용할 수 있다. 곧 마귀가 순수한 지역 교회 안에서 계속 "죄"의 영향력을 행사하려 한다는 것이다. 특히 말씀을 올바로 나누어 공부하지 않을 때는 교회가 "거짓 교리"로 부풀어질 수도 있다는 사실을 보여 준다.

5. 밭에 숨겨진 보물의 비유(44절)

1) 기본적인 해석

(1) "**어떤 사람**" ➠ "**인자**"(예수 그리스도)

(2) "**밭**" ➠ "**세상**"(38절)

(3) "**보물**" ➠ "**이스라엘**"("**독특한 보물**" - 출 19:5, 시 135:4) cf. "교회"(그리스도인들, 벧전 2:9) - "선택받은 세대," "왕 같은 제사장," "거룩한 민족," "독특한 백성"(딛 2:14)

2) 종합적인 해석

(1) 출애굽 당시에 하나님께서는 "보물"을 찾으셨으나(출 19:5) 이스라엘이 메시아를 거부한 이후로 현재 이 보물은 세상에 숨겨져 있다. 말하자면 "이방인들의 충만함"(롬 11:25)이 찰 때까지는 박해와 고난 가운데 처해 있도록 하나님께서 허락하신 것이다.

(2) 『***다시* 숨기고**』(44절). "숨겨 두다"(hide)라는 말은 "**하나님께서 그들에게서 얼굴을 돌리시어 자신(의 얼굴)을 숨기시는 것**"을 의미한다(신 31:17, 사 54:8). 이것은 또한 "**이스라엘을 세상 속에 숨겨 버리**

<u>셔서 세상 가운데 흩으심으로써 그들이 박해를 받게 되는 모습</u>"을 의미한다.

(3) 『**자기의 모든 소유를 팔아**』(44절). 이것은 "**<u>십자가 사건</u>**"을 의미한다. 『**그 밭을 사느니라**』(44절). 이것은 "진주 찾는 상인의 비유"(45,46절)와 달리 "진주"가 아닌 "**<u>세상 전체를 송두리째 사시는 모습</u>**"을 의미한다. **<u>세상을 송두리째 사시는 날은 재림 때로서, 세상의 모든 나라들이 예수 그리스도의 왕국들이 되는 것을 의미한다(계 11:15)</u>**. 그날에 "독특한 보물"인 "이스라엘"은 현재의 고난(대환란 포함)에서 회복될 것이다.

6. 진주 찾는 상인의 비유(45,46절)

1) <u>기본적인 해석</u>

(1) "**<u>어떤 상인</u>**" ➡ "**<u>예수 그리스도</u>**"(cf. 눅 19:13)

(2) "**<u>진주</u>**" ➡ "**<u>교회</u>**"

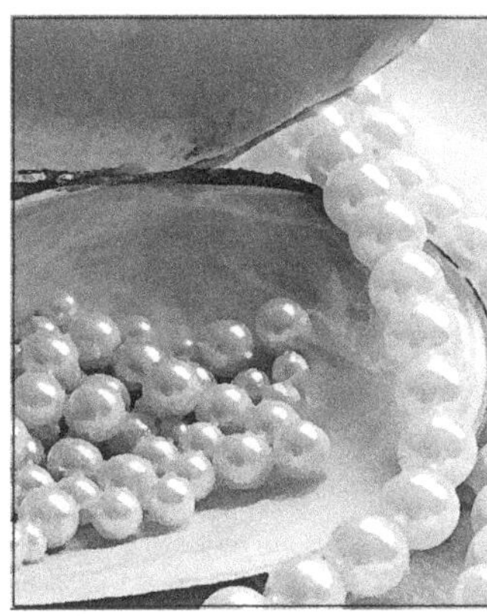

❶ 진주는 보물 중에서도 "특별한 하나," 곧 다른 보석과 달리 유일하게 유기물이다.

❷ 이 점은 성경에서 유일하게 "**<u>한 몸으로 된 유기체</u>**"라 불리는(고전 12:12-27) "교회"의 속성과 유사하다. 다이아몬드는 쪼갤수록 빛나지만, 진주는 자르면 자를수록 그 가치를 잃어버린다. 이는 교회가 "그리스도의 몸"으로서 결코 쪼개지거나 잘려 나갈 수 없다는 사실을 상징한다.

2) <u>종합적인 해석</u>

(1) 『**자기의 모든 소유를 팔아**』(46절). 이것은 예수 그리스도께서 자신의 피("하나님의 피" - 행 20:28, 벧전 1:18,19)로 값을 지불하신 것을 의미한다.

(2) 『**그것[진주]을 샀느니라**』(46절). "밭에 숨겨진 보물의 비유"와 달리 밭 혹은 바다 통째가 아닌 "<u>진주</u>"만을 샀다. 예수 그리스도께서는 세상 사람들 모두를 사랑하셨으나(요 3:16), 특별히 교회를 더 사랑하셨다. 주님께서는 자신의 피 값으로 교회를 사셨고, 교회는 그분의 몸이요 소유가 되었다.

7. 그물의 비유(47-50절)

1) <u>기본적인 해석</u>

➡ 이 비유는 "밭의 독보리의 비유"와 내용이 유사하다(한 밭에 두 종류의 곡식 vs. 한 그물 안의 두 물고기).

(1) "<u>좋은 것</u>"(좋은 물고기) ➡ "<u>의인들</u>"(49절)

(2) "<u>나쁜 것</u>"(나쁜 물고기) ➡ "<u>악인들</u>"(49절)

(3) "<u>분류하는 자들</u>" ➡ "<u>천사들</u>"

2) <u>종합적인 해석</u>

➡ "현 세상 체계의 끝"에 있을 사건을 다루는 것으로서, 예수 그리스도께서 천사들을 통해 구원받을 성도들과 그렇지 않은 죄인들을 구분하실 때의 일이다. 주님께서 대환란 끝에 이 땅에 재

림하시면서 땅에 남아 있는 사람들을 심판하시는 모습인 것이다.

이제 예수 그리스도께서는 이 모든 비유를 깨달았다고 하는 (51절) 제자들에게 "천국에 관한 교훈"(52절)을 맡기신다. 이러한 교훈을 맡은 서기관들은 "천국에 관한 일곱 가지 신비들," 곧 교회 시대에 신비적인 형태로 감추어진 천국에 관한 교훈들을 "신실한 청지기"(고전 4:1,2)로서 잘 맡아 관리해야 한다.

『**그러므로 천국에 관한 교훈을 받은 모든 서기관들은 마치 자기 보물창고에서 새 것들과 옛 것들을 꺼내 오는 집주인과 같으니라**』(52절). **보물창고에서 꺼내 와야 할 "옛 것들"은 "구약"을 의미하고, "새 것들"은 "신약"을 의미한다.** 따라서 제자들은 천국에 관한 교훈을 맡은 청지기들로서 보물창고에서 새 것들과 옛 것들을 꺼내와 "신구약의 구분된 진리들"을 적절하게 구분하고 나누어 가르쳐야 한다.

① 사도 베드로는 유대인들을 위해 천국복음(구약, 옛 것들)을 전하는 사람이었지만, 바울이 사역하기 전에 이방인에게 복음의 문을 열어 주는, 즉 신약의 진리를 제시해 주는 역할을 하기도 했다(코넬료).

② 『**너희는 이 모든 것을 깨달았느냐?**』(51절) 성경 교사들은 하나님의 말씀을 깨달아 구약과 신약을 올바르게 나누어서 해석하고 적용하여 가르쳐야 한다. 구약은 구약답게 신약은 신약답게 올바로 나누어서 가르쳐야 하는 것이다. 『**네가 진리의 말씀을 올바로 나누어 자신이 하나님 앞에 부끄럽지 않은 일꾼으로 인정받도록 공부하라**』(딤후 2:15).

■ 새롭게 깨달았거나 적용할 내용이 있다면 적어 보세요. ■

제2과
복습문제

1. "천국의 신비"와 "하나님의 나라의 신비"는 똑같은 신비다. (O , X)

2. 다음 중 "천국의 신비"와 "하나님의 나라의 신비" 모두에서 공통으로 발견되는 비유를 모두 고르시오. (   )
   ① 씨 뿌리는 자의 비유 ② 밭의 독보리의 비유 ③ 겨자씨의 비유
   ④ 누룩의 비유 ⑤ 밭에 숨겨진 보물의 비유 ⑥ 진주 찾는 상인의 비유
   ⑦ 그물의 비유 ⑧ 자라나는 씨앗의 비유

3. 밭의 독보리의 비유에서 "추수꾼"들은 복음을 전파하는 성도들이다. (O , X)

4. 겨자씨의 비유와 누룩의 비유는 "기독교계"에 적용되는 비유이다. (O , X)

5. 진주 찾는 상인의 비유에서 "진주"는 이스라엘을 가리킨다. (O , X)

6. 『그때 주께서 그들에게 말씀하시기를 "그러므로 (   )에 관한 교훈을 받은 모든 서기관들은 마치 자기 보물창고에서 (   )들과 (   )들을 꺼내 오는 집주인과 같으니라."고 하시더라』(마 13:52).

■ 복습 문제의 정답은 홈페이지(www.solomonbtc.org)에서 확인할 수 있습니다.

NOTES

NOTES

제3과

환란 시대를 예표하는 세 가지 사건(14장)

『그가 사람을 보내어 감옥에 있는 요한을 목베어, 그의 머리를 쟁반에 담아 와서 그 소녀에게 주니, 그녀가 그것을 자기 어미에게 가져갔더라』(마 14:10,11).

대환란으로 이어지는 이스라엘의 역사

역사는 늘 반복되는데, 사람들은 역사를 통해 아무것도 깨닫지 못하고, 개선할 기미조차 보이지 않는다. 이것은 이스라엘도 마찬가지다(마 13:15). 그들은 자기들을 이집트에서 구출하신 하나님의 인도하심과 놀라우신 능력을 외면했고, 우상숭배를 함으로써 약속의 땅 카나안의 복마저 발로 차 버렸다. 반복되는 배교의 늪에서 빠져나오지 못하던 이스라엘은 결국 이방 왕국의 발아래 짓밟히고 만다. 세월은 흘러 이스라엘 백성에게 침묵하시던 하나님의 선한 빛이 그들을 향해 비쳤고, 침례인 요한이 등장하여 천국 복음을 통해 하나님께로 돌이킬 수 있는 길을 제시한다. 그러나 결국 종교지도자들의 불순종과 침례인 요한의 죽음으로 이스라엘은 목자 없는 양같이 방황하게 된다. 하지만 메시아 왕으로 오신 예수님께서는 그들을 불쌍히 여기시고 복음을 지속적으로 전파하시며, 왕으로서의 표적들과 이적들과 기적들도 행하셨다. 그런데도 그들은 끝내 왕국 복음을 거부하고 예수님을 십자가에 못 박아버린다. 메시아를 거부한 이스라엘의 참담한 역사는 그때부터 현재까지 진행중지만, 그 역사는 대환란 때에도 다시금 반복되어 그들은 이방인들의 손에 떨어지게 될 것이고, 여전히 길 잃은 양들처럼 방황하게 될 것이다. 그런데도 하나님께서는 출애굽 이후 광야에서 그들을 먹이시고 이끄신 것처럼, 대환란 때도 그들을 먹이시고 준비된 왕국의 백성으로 이끄실 것이다. 이것이 이스라엘을 향한 하나님의 뜻이다.

적그리스도의 박해와 목 베임(1-12절)

마태복음 14장은 "이스라엘에 대한 예수 그리스도의 연민"을 잘 나타내고 있다. 이것은 왕국 복음을 거부하고 대환란을 맞게 될 이스라엘을 미리 내다보시는 주님의 심경이기도 하다. 천국이 거부당하고 연기될 것을 말씀하신 주님께서 이스라엘을 "목자 없이 흩어진 양 무리"(9:36)같이 불쌍히 여기시는 이유도 여기에 있다.

1. 목 베임 당한 침례인 요한(환란 성도의 예표)

1) 침례인 요한은 마태복음에서 "세 장"(3장, 11장, 14장)을 할애할 만큼 중요한 인물로, 그는 11장에서 옥에 갇혔다가, 14장 이전에 목 베임을 당해 죽는다. 다만 이곳 14:2-12까지의 기록은 침례인 요한의 죽음에 관해 과거의 사건으로 서술하고 있을 뿐이다.

2) **침례인 요한은 "목 베임"으로 죽임을 당하는데, 여기에는 대환란과 관련된 예언적 의미가 담겨 있다.** 이는 침례인 요한의 목 베임이 "왕국 복음을 전파하는 것"과 관련이 있기 때문이다(계 20:4).

3) **침례인 요한은 여러 면에 있어서 "엘리야의 유형"(눅 1장, 마 17장, 요 1장)이다.** 제사장들은 침례인 요한을 향해 "엘리야"냐고 물었고(요 1:21), 사람들은 예수님에 대해 "엘리야 혹은 예레미야"라고 말했다(마 16:14). 이들은 모두 "주의 날, 대환란, 재림"과 관련이 있는 사람들이다.

4) 영주 헤롯도 엘리야가 "주의 날" 이전에 부활할 것이라는 예언에 대해 알고 있었다(cf. 계 11:3-12). 그래서 헤롯이 예수님의 명성을 듣자 자신이 죽였던 침례인 요한이 죽은 자들로부터 살아났다고 말한 것이고(1절), 요한에게 기대했던 표적과 이적을 예수님께도 기대했던 것이다(눅 23:8).

2. 의인을 박해하는 헤롯(적그리스도의 예표)

1) 헤롯이 그의 아우 빌립의 아내인 "헤로디아"를 자기 아내로 취하자, 침례인 요한은 『**당신이 그 여자를 취하는 것이 부당하다**』(4절, 레 18:16)며 일침을 가했고, 이에 헤롯은 침례인 요한을 투옥하고 죽이려 했다(3-5절, 눅 11:49, 약 5:6).

➡ 하지만 침례인 요한을 선지자로 여기던 사람들을 두려워했기 때문에(5절) 직접 실행에 옮기지는 못한다. 헤롯이 느낀 두려움은 마태복음 21:26에서 바리새인들이 군중에 대해 가진 그런 두려움이었다(약 2:19).

2) 사실상 헤롯은 하나님을 제외한 모든 것을 두려워했다(10:28). 그는 양심을 두려워했고(14:2), 자신을 책망하는 침례인 요한을 두려워했다(4절). 그뿐만 아니라 그를 둘러싼 군중을 두려워했으며(5절), 혹시라도 영주로서의 체면이 구겨질 때 자신에게 돌아올 사람들의 비웃음도 두려워했다(9절).

➡ 헤롯은 두려워해서는 안 될 것을 두려워했고, 반드시 두려워해야 할 분을 두려워하지 않았던 것이다. 이것이 예수 그리스도를 거절하는 죄인들의 태도와 종교성이다(딤후 1:7).

오천 명을 먹이신 기적(13-21절)

오천 명을 먹이신 기적은 사복음서에서 모두 다룰 만큼 중요한 부분이다(마 14장, 막 6장, 눅 9장, 요 6장). 이 기적이 일어난 장소는 갈릴리 북쪽 해안으로, 이때도 이스라엘을 향한 주님의 "측은지심"(惻隱之心)은 여전했다(9:36). 하지만 이스라엘의 종교지도자들은 그들의 메시아로 오신 주님을 거부했고, 이에 천국은 자연스레 그들에게서 감추어진다. 잠시 후면 왕과 왕국도 없고, 오직 거짓 선지자들과 거짓 교사들만 난무하게 될 이스라엘을 바라보시는 주님의 가슴 깊은 연민을 "오천 명을 먹이신 기적"을 통해 또 한 번 엿보게 된다.

마태복음은 "유대인의 왕으로 오신 메시아"를 묘사하고 있고, 그 메시지들은 유대인과 직접적으로 관련되어 있다. 따라서 "오천 명을 먹이신 기적"이 어떤 교리적인 의미를 지니고 있는지를 아는 것은 무엇보다도 중요하다. 특히나 이 사건은 예언적인 의미를 담고 있는데, 그것은 바로 이스라엘이 대환란 기간에 광야에서 하나님의 특별한 방법으로 부양받는 것을 보여 준다(계 12장).

1. 외딴 곳(desert), 광야

『그때 그 여인이 큰 독수리의 두 날개를 받았는데, 이는 그녀가 광야에 있는 자기 처소로 날아가서 그곳에서 그 뱀의 낯을 피하여 한 때와 두 때와 반 때를 부양받으려 함이더라』(계 12:14).

1) 일반적으로 사막 또는 광야로 번역되는 "desert"는 항상 "모래사막"만을 의미하지 않는다. 이 단어는 "황량하고 텅 빈 불모지," 곧 "황무지"를 가리키는 데도 쓰인다. 출애굽 이후 광야를 통과했던 이스라엘은 대환란 때도 이와 유사한 장소에서 적그리스도의 낯을 피해 "한 때와 두 때와 반 때"를 부양받게 될 것이다(계 12:14).

2) 이 사건은 환란 중에 "하늘의 양식"을 받게 될 유대인들에 대해 예언적인 그림을 보여 주고 있다. 그래서 "광야에서" 예수님께 돌로 "빵"이 되게 해 보라고 한 사탄의 첫 시험은 단순한 시험이 아니다. 왜냐하면 그것은 재림하실 예수 그리스도께서 이루실 일을 초림 때 이루어지게 함으로써 하나님의 계획을 무산시키려 했던 시험이기 때문이다(마 4장).

2. 이스라엘의 믿음 없음

『그러므로 누군가 거기에 들어가야만 하는 일이 남아 있으나 먼저 복음을 들은 자들은 믿음 없음으로 인하여 들어가지 못한 것이라』(히 4:6).

1) 이스라엘은 표적으로 시작한 민족이다(출 4장). 따라서 그들은 보지 않고서는 결코 믿지 않았다. 그래서 그들에게 여러 표적들과 기적들이 제시되었지만 그들은 완고함으로 믿지 않았다. 예수님의 제자들마저도 "너희가 그들에게 먹을 것을 주라"(16절)는 말씀에, 자신들이 가지고 있는 것은 겨우 "보리빵 다섯 덩어리와 작은 물고기 두 마리"(17절)뿐이라며 의아해한다. 반면 주님은 "그것을 내게로 가져오라"(18절), "무리를 풀밭에 앉히라"(19절)고 명하신 후, 하늘을 향해 기도하시며 이스라엘을 축복하셨다(19절).

2) 과거 이스라엘은 출애굽 이후 안식의 땅으로 들어가기까지 내내 불평하다가 완악하게 되어 떨어져 나갔다. 대환란 중에도 많은 이스라엘 사람들이 믿음에서 떨어져 나가겠지만, 여호수아와 칼렙이 약속의 땅에 들어갔듯이, 이때도 "남은 자들"로 하여금 "안식의 땅"(천년왕국)에 들어가게 하실 것이다.

3. 선을 행하지 않는 죄

『그러므로 선을 행할 줄 알면서도 행치 아니하는 자에게는 그것이 그 사람에게 죄가 되느니라』(약 4:17).

1) 주님은 빵을 떼어서 제자들에게 주시고, 제자들은 다시금 무리들에게 그것을 나누어주고 있다(19절). 사도 바울 또한 먼저 받은 은혜의 선물을 이방인들에게 값없이 전했다(고전 15:3). 이처럼 물질이든 영적 선물이든 값없이 받았으면, 값없이 나눠주는 것이 바로 성경의 법칙이요, 성경적인 명령이다.

2) <u>환란 중에는 선을 행하는 것이 구원과 직결된다</u>. 그래서 적그리스도의 표를 받지 않고는 사실상 경제활동이 불가능한 이때, 가진 자는 구원을 받기 위해 "짐승의 표"를 거부하고 자기 형제를 돕는 선을 베풀어야 한다. 이렇게 베풀다 보면 결국 자연스럽게 자신도 가난해질 수밖에 없다(계 13:17). 이것이 싫어 짐승의 표를 받고 가난한 자들을 돕지 않은 자들은 잠시 자신이 가진 부를 유지할 수 있을지는 모르겠지만, 결국 환란의 고통(계 16:2)과 함께 천년왕국에 들어가지 못한 채 영원한 심판으로 들어가게 된다(계 19:20).

4. 풍성히 먹이시는 하나님(시 34:9)

『오 너희 주의 성도들아, **주**를 두려워하라. 그를 두려워하는 자들에게는 부족함이 없도다』(시 34:9).

1) 그곳에 모인 사람들은 단 한 사람도 빠짐없이 배불리 먹었으며, 그 수는 무려 오천 명이나 됐다. 심지어 먹고 남은 것을 거두니 열두 광주리를 가득 채웠다(20절). 베드로가 예수님의 명령에 따라 그물을 내렸을 때도 배가 가라앉을 정도였었다. 이처럼 주님은 주시되, 넘치도록 부어주신다(눅 5:7). 무엇보다도 주님께서는 섬기는 일을 했던 제자들을 절대로 잊지 않으셨다(딤전 5:18).

"생명의 빵"에 대한 위대한 교리(요 6:31-35)

예수님은 "생명의 빵"이시다. 이것은 구원에 있어서 매우 중요한 신약 교리로서, 예수 그리스도를 소유한 사람은 영생을 가졌다는 말씀이다(요일 5:11,12). 예수님께서 "생명의 빵"이라는 말씀과 더불어 『내 살을 먹고 내 피를 마시는 자는 내 안에 거하며 나도 그 사람 안에 거하느니라.』(요 6:56)라고 하시는 말씀은 예수님의 실제적인 살과 피를 먹고 마시는 것과는 전혀 무관하다. 왜냐하면 『살리는 것은 영이니, 육은 전혀 무익하니라. 내가 너희에게 한 말들은 영이요, 생명이라.』(요 6:63)라고 말씀하기 때문이다. 결론적으로 예수님께 나아가는 자는 생명을 얻고, 그 생명을 얻은 자는 말씀(빵)을 먹은 것과 같다는 의미의 말씀이다. 그런데도 로마카톨릭은 마지막 유월절 만찬에서 "이것은 나의 몸이라"는 말씀에 대해 이 빵을 예수님의 실제적인 몸으로 잘못 해석함으로써, 미사 때마다 소위 "성체"를 통해 예수님의 살과 피를 먹고 마실 수 있다고 속이면서 매주 "식인종들의 카니발"을 행하고 있는 것이다.

2) **출애굽 사건은 환란을 통과하여 안식의 땅으로 들어가는 것에 대한 일종의 모형이다**(마 2장, 히 3,4장). 이스라엘은 출애굽 당시 광야에서 "하늘의 양식"인 "만나"로 부양받았는데(느 9:15, 시 78:24; 105:40), 대환란 중에도 하나님께서는 이들을 "하늘의 양식"인 "만나"로 부양하실 것이고, 왕국 복음을 전파할 이스라엘의 144,000명의 동정들 또한 기적적인 방법으로 돌보실 것이다.

바다 위를 걸으시는 예수님(22-33절)

갈릴리 북동쪽 지역에서 오천 명을 먹이신 주님은 이제 "건너편" 카퍼나움으로 자리를 옮기신다(요 6:17). 제자들을 보내시고 무리를 흩으셨음에도 불구하고 그들이 애써 주님을 찾으려 했던 이유는 빵을 먹고 배불렀기 때문이다(요 6:24-26). 이처럼 대환란 때도 자신들의 굶주림을 해결하기 위해 한 사람에게 몰려들 텐데 그때는 예수 그리스도가 아닌 "적그리스도"에게 몰려들어 그의 표를 받으려 할 것이다(계 13:17).

1. 바다와 깊음(the deep)

➡ **밤 제 사경에 바다 위를 걸어서 제자들에게 다가오시는 이 사건은 예수 그리스도의 재림에 대한 또 하나의 모형이 된다**. 이것을 이해하기 위해서는 먼저 "깊음"(the deep)이라고 표현되는 "바다"에 대해 알아야 한다(창 1:1-4, 사 27:1, 계 4:6, cf. 창 7:11, 계 4:1). 주님의 승천과 재림은 바로 이곳 셋째 하늘 아래 있는 거대한 물 층, 곧 "유리 바다"를 통해 이루어진다.

2. 재림하시는 주님의 모습

1) 부활하신 주님을 보고서 제자들은 무서워했는데(눅 24:37), 밤중에 바다 위를 걸어오시는 주님을 보고서도 그들은 무서워했다. 왜냐하면 그들은 "어떤 영"을 보고 있다고 생각했기 때문이다(마 14:26). 하지만 부활하신 주님께서는 그들에게 이렇게 말씀하셨다. 『**나의 손과 나의 발을 보라, 바로 나니라. 나를 만져 보라. 영은 살과 뼈가 없지만 너희가 보는 바와 같이 나는 있느니라**』(눅 24:39).

2) 이처럼 부활하신 주님은 "어떤 영"이 아니라, 들려 올라가신 그대로의 모습으로 오실 것이다. 『**너희 갈릴리 사람들아, 어찌하여 너희는 하늘을 쳐다보고 서 있느냐? 너희를 떠나 하늘로 들려 올라가신 바로 이 예수는 너희가 하늘로 가심을 본 그대로 오시리라**』(행 1:11).

3. 인자가 올 때의 믿음

『내가 너희에게 말하노니 하나님께서는 그들의 원한을 속히 갚아 주시리라. 그러나 인자가 올 때 그가 세상에서 믿음을 찾아볼 수 있겠느냐?"고 하시더라』(눅 18:8).

1) 교회 시대인 지금은 주님께서 "높은 곳"에서 그의 성도들을 위해 중보하고 계신다. 태양이신 주님께서 이 지상에 계시지 않기 때문에, 거듭난 성도들이 살고 있는 이 세대는 "밤중"에 해당한다(요 9:4,5, 사 21:11, 막 13:34,35, 살전 5:1-10). 심지어 "바람"은 성도들을 거슬러 불고 있다(엡 4:14). **교회가 휴거 되고 나면 이제 곧 주님께서 수만 성도들과 함**

께 갔음을 통과하셔서 이 땅에 다시 오실 텐데, 그 시각은 "밤 제 사경" 이 될 것이다(말 4장, 출 32:33,34, 마 13:49,50, 벧후 3:10).

2) 믿음은 보이지 않는 것들을 바라며 소망하는 것이다(히 11:1, 롬 8:24). 그러므로 믿음은 교회 시대든 환란 시대든 예수 그리스도께서 이 땅에 오셔서 통치하시기 전까지는 반드시 필요하다. **성경은 이 믿음에 분량이 있다고 알려주신다. 곧 "겨자씨만 한 믿음"(마 17:20)이 있고, "큰 믿음"(마 8:10)이 있으며, 반대로 "적은 믿음"(마 8:26)도 있다**. "적은 믿음"을 가진 자는 책망을 받기도 한다.

3) 믿음으로 구원받는 교회 시대의 마지막에는 아주 어려운 때가 올 것이다(딤후 3:1). 그렇다면 대환란 시대는 어떨까? 이때는 "믿음"뿐 아니라, "행위"(계 14:12)로 견뎌야만 구원을 받을 수 있기 때문에 교회 시대의 어려움은 대환란 시대의 어려움과는 비교도 되지 않는다. **그러므로 모든 사람은 바로 "지금" 예수 그리스도를 구주로 믿고 영접함으로써 거듭나야만 한다**(고후 6:2).

"두려움"은 침체의 원인이다.

베드로는 어부였기에 거친 바람과 파도의 두려움에 대해서 너무나 잘 알고 있었다. 갈릴리 바다 위를 걷는 그런 그에게 시험이 닥친다. 바람이 사나워지는 것을 보자 두려움이 엄습한 것이다. 그리고 그 두려움으로 인해 물밑으로 가라앉는 자신을 발견한다. 이윽고 그는 "주여, 나를 구해 주소서."라고 하면서 주님께 살려달라고 부르짖었다.

세상 죄악의 물결에 이리저리 흔들리는 죄인들은 죽음의 공포 가운데 두려워하다가 영원한 형벌의 장소인 지옥으로 내려간다. 반면 거듭난 성도들은 이 세상 염려와 두려움으로 "영적 침체"를 겪는다. 이 모든 것의 원인은 바로 "두려움"이다(딤후 1:7). 이것을 해결할 수 있는 유일한 방법(길)은 "주여, 나를 구해 주소서!"라는 짧은 외침뿐이다. 그러므로 간절한 기도에는 그 어떤 미사여구나 가식이 있을 수 없다.

■ 새롭게 깨달았거나 적용할 내용이 있다면 적어 보세요. ■

제3과
복습문제

1. 마태복음 14장에는 세 가지 사건이 등장한다. 침례인 요한의 목 베임과 오천 명을 먹이신 기적 그리고 바다 위를 걸으시는 예수 그리스도시다. 이 사건들은 (   ) 때 있을 사건을 예표하고 있다.

2. 침례인 요한은 (   )의 유형(눅 1장, 마 17장, 요 1장)으로 목 베임을 당해 죽어야만 했다. 따라서 대환란 때 등장하는 (   )도 왕국 복음을 전하다가 목 베임 당하지만, 그는 다시 살아난다(계 11:3-10).

3. 이스라엘은 출애굽 당시 광야에서 "하늘의 양식"인 만나로 부양받았는데, 대환란 기간에도 적그리스도의 낯을 피해 "한 때와 두 때와 반 때" 동안 부양을 받는다(계 12:6). (O , X)

4. 밤 제 사경에 바다 위를 걸어서 제자들에게 다가오시는 이 사건은 예수 그리스도의 (   )에 대한 또 하나의 모형이 된다.

5. 구원받은 그리스도인들이 때로는 "영적 침체"를 겪기도 하는데, 그것은 주로 (   )에서 비롯된다(딤후 1:7).

■ 복습 문제의 정답은 홈페이지(www.solomonbtc.org)에서 확인할 수 있습니다.

NOTES

제4과

인간적인 전통에 대한 경고(15장)

『자기 아버지나 어머니를 공경하지 않아도 무방하다.' 하니, 그렇게 해서 너희는 너희 전통으로 하나님의 계명을 폐기시키고 있는 것이라』(마 15:6).

"인간적 전통"을 들고 나온 바리새인들

예수님께서 행하신 "오천 명을 먹이신 기적"(14:15-21)과 "바다 위를 걸으신 놀라운 기적"(14:24-27) 그리고 "게네사렛의 병자들을 고치신 치유의 표적"(14:34-36)이 나타나자, 마귀는 기다렸다는 듯이 예수님을 책잡기 위해 새로운 논쟁거리, 곧 말씀보다 더 권위를 두고 행하는 "장로들의 전통"(15:2)을 들고나온다. 이것은 조상들로부터 대대로 전해 내려온 전통이나 가르침으로, 율법에서 행하도록 기록된 것과는 전혀 무관한 것들이다. 특히 마태복음 15장에서 언급한 전통은 음식을 먹기 전에 "손을 씻는 것"에 관한 것으로, 율법에는 이것에 관한 어떤 명령도 언급되어 있지 않다. 다만 율법에는 부정한 것을 접촉하여 부정하게 되었을 경우에 "거룩함을 유지하기 위한 수단"으로 "씻으라."고 명령하고 있을 뿐이다(레 13장, 신 26장). 사실상 이들은 왕으로 오신 주님의 권위와 말씀에 정면으로 대적하면서 인간적인 전통만을 앞세우고자 했던 것이다. 그래서 주님은 그들을 "위선자"(6장)요, "개와 거짓 선지자와 약탈하는 이리"(7장)며, 심지어 "독사들의 세대와 악하고 음란한 세대"(12장)라고 꾸짖으셨다. 특히 그들은 이 땅에 임하는 왕국을 앞장서서 가로막았던 자들로서, 자신들뿐만 아니라 백성들까지도 왕을 거부하는 악한 길로 인도했다(15:14). 결국 그들은 "눈먼 안내자들"(23:16)이요, "어리석고 눈먼 자들"(23:17,19)로서 소경이면서도 소경을 인도한 자들이라는 책망을 받게 된다(15:14).

인간적 전통 vs. 믿음의 전통

1. 바리새인들의 “믿음의 행태”

1) 위선자들인 서기관들과 바리새인들은 예수님께서 가르치시는 교리와 왕으로서의 권위에 치명타를 입히기 위해 늘 문제를 제기해 왔다.

➠ 그리고 이제 마태복음 15장에서는 새로운 카드, 곧 “장로들의 전통”을 들고나온다. 그들은 늘 성령께서 역사하신 이후에 카멜레온처럼 색깔을 달리하여 새로운 문제를 제기하며 주님의 사역을 방해하려 했다(9:3,34; 12:14,24).

2) 마태복음 15장과 동일한 내용을 좀 더 상세히 서술하고 있는 마가복음 7장을 통해, “장로들의 전통”에 대해 그들의 자부심이 얼마나 강했는지를 엿볼 수가 있다.

『시장에서 돌아온 후 씻지 않고는 먹지 아니하며 그 외에도 여러 가지 받아서 지켜 온 것이 있었으니, 잔과 단지와 놋기명을 씻고 식탁을 닦는 것이라』(막 7:4).

3) 식사 전에 손을 씻는 것은 “하나님의 계명”을 따른 것이 아니다. 식사 전에 손을 씻는 것은 모세의 율법과는 전혀 상관없는바 사실상 그들만의 전통에 불과하다.

➠ 율법에서 “씻는 것”에 관한 규정을 보면 시체를 만지거나 몇몇 특별한 경우나 사건에 대해서만 그런 명령이 주어진다(레 16장, 신 23장).

2. 성경적 믿음과 전통

➠ 바리새인들이 주장하고 따랐던 인간적 전통은 부활절 달걀, 크리스마스, 유아세례 등으로 둔갑하여 오늘날에도 기독교계에서 행해지고 있다. 반면에 성경대로 믿는 그리스도인들은 신실하게 주님을 섬겼던 종들이 남겨놓은 "믿음의 발자취"를 따르려 하는데, 이것 또한 성경은 "전통"이라고 말씀하시지만, 이것은 인간적 전통이 아닌 성경적인 믿음의 전통이다.

『그러므로 형제들아, 굳게 서서 말로나 우리의 편지로나 너희가 배운 바 전통들을 지키라』(살후 2:15).

『형제들아, 우리 주 예수 그리스도의 이름으로 너희에게 명하노니, 무질서하게 행동하고 우리에게서 받은 전통을 따라 행하지 않는 모든 형제를 멀리하라』(살후 3:6).

3. "인간적 전통"에 대한 성경적 입장

1) 인간의 전통에 대해 "사도 바울과 베드로"의 성경적 입장은 분명하다. 사도 바울은 『**아무도 너희를 철학과 헛된 속임수로 노략질하지 못하도록 주의하라. 그것들은 사람의 전통과 세상의 유치한 원리를 따른 것이며 그리스도를 따른 것이 아니니라.**』(골 2:8)라고 명시하고 있다.

2) 사도 베드로 또한 『**이는 너희가 아는 바와 같이, 너희가 너희 조상들로부터 전통으로 이어받은 너희의 허망한 행실에서 은이나 금 같은 썩어질 것들로 구속된 것이 아니라**』(벧전 1:18)라고 말하며 인간적 전통으로 구원을 이루려는 자들의 어리석음을 일깨워주고 있다.

4. 말씀을 폐기하려는 "인간적 전통"(3-6절)

1) 무엇보다도 예수님께서 『너희는 너희가 전수한 너희의 전통으로 하나님의 말씀을 폐기하느니라. 또 이와 같은 많은 일을 자행하고 있도다.』(막 7:13)라고 말씀하시며 강력하게 경고하고 계신다. 이처럼 인간적 전통을 하나님의 말씀과 동일시하거나 그보다 더 권위를 두려고 하는 모든 시도들은 말씀을 폐기하려는 마귀의 술책에서 비롯된 것이다.

2) 성경은 "아버지와 어머니를 공경하라"(신 5:16, 엡 6:2)고 명령하시고, 또한 부모의 것을 훔쳐놓고 "죄과가 아니라"고 하는 자들에 대해 그들을 "파괴자와 한패"(잠 28:24)라며 꾸짖고 계신다. **그러므로 인간의 생각이나 전통이 하나님의 말씀과 상충될 때에는 반드시 하나님의 말씀을 최종 권위로 삼아야 한다**.

5. 사람의 계명들을 교리로 가르치는 위선자들(7-9절)

1) 하나님의 말씀을 폐기시키려는 자들을 향해 예수님께서는 "하나님의 계명"(신 4:2)으로 대응하셨다(cf. 마 4:4-7). 서기관들과 바리새인들은 하나님의 계명을 잘 아는 자들이지만, 말씀 위에 인간의 전통을 둠으로써 **하나님을 거짓말쟁이로 만드는 자들이 되었다**(요일 5:10).

2) 그렇기에 서기관들과 바리새인들은 **자신들의 배를 섬기면서도 하나님을 섬긴다고 하는 위선자들**이라는 책망을 받은 것이다(7,8절). 결국 그들은 **하나님을 헛되이 경배하는 자들**인 셈이다(9절). 그들의 입은 하늘을 향해 열려 있지만, 마음은 자신들과 이 땅을 향해 열려 있다(렘 17:9).

듣고 깨달으라!

예수님께서는 무리들에게 "듣고 깨달으라"라고 명령하신다. 하지만 말씀을 듣고서도 깨닫지 못한 자들은 ❶ "실족하는 자들"로서 걸려 넘어질 것이요(12절; 11:6, 벧전 2:8), ❷ 아버지께서 "심지 않으신 초목"이기에 뽑힐 것이며(13절, 잠 2:22, 벧후 2:17), ❸ 소경이면서도 "소경을 인도하는 자들"로서 구덩이에 빠지게 된다(14절; 23:16-19).

1. 심기지 못하고 뽑히는 자들(10-14절)

1) 출애굽 이후 약속의 땅 카나안에 들어갈 때 여호수아와 칼렙 그리고 광야에서 태어난 자손들이 카나안 땅에 들어간 것처럼, "심는다"(13절)는 말씀은 하나님께서 이스라엘을 약속의 땅에 확고하게 심는다는 뜻이다.
➠ 비록 이스라엘 백성이 죄악으로 인해 앗시리아와 바빌론으로 흩어졌고(신 29:28), 메시아 왕을 거부함으로써 2,000년간 전 세계로 흩어졌을지라도 그들은 회복되어 다시 심겨질 것이다.

2) 하지만 출애굽 이후 불순종한 백성은 결코 그곳에 들어가지 못했고, 이는 천년왕국 때도 마찬가지다. 다시 말해 민족적인 회복은 있을지라도 "위선자들과 악인들"은 그 땅에 들어가지 못한다는 것이다(잠 2:22).

3) "위선자들과 악인들"은 "하나님께서 심지 않으신 초목"으로, 상한 갈대를 꺾지 않으신다는 약속(12:20)을 받지 못하고 결국 뽑혀 최종적으로 그들의 아비 마귀를 따라 불 가운데로 들어가게 된다.

2. "깨닫는 데 어린아이"인 베드로(15-20절)

> 『형제들아, 깨닫는 데에는 어린아이가 되지 말고 악에는 어린아이가 되더라도 깨닫는 데에는 어른이 되라』(고전 14:20).

➡ 예수님께서는 결코 비유로 말씀하지 않으셨는데도, 베드로는 그것을 비유로 이해하고 설명해 달라며 말씀드리고 있다(15절). 그렇기에 예수님께서는 "너희도 아직 깨닫지 못하느냐?"라며 답답함으로 제자들을 책망하시면서도(16절), 그들에게 자세히 설명해 주신다. 결국 하나님을 대적하는 모든 것들은 마음에서 나오며, 마음에서 나오는 그것이 그 사람을 더럽히는 것이다(18-20절). **다시 말해 하나님의 말씀은 더러운 죄들을 씻고 정결하게 하지만(엡 5:26, 딤전 4:5), 인간의 전통은 오히려 그 사람을 더럽힐 뿐임을 거듭 강조하고 계신다(20절).**

이방 여인의 큰 믿음

1. 예수님을 "다윗의 아들"로 불렀던 이방 여인(21,22절)

> 『예수께서 곧 손을 내밀어 그를 붙드시고, 그에게 말씀하시기를 "오 너 믿음이 적은 자야, 어찌하여 의심하였느냐?"고 하시니라』(마 14:31).

1) 이 여인은 카나안 여인으로, "헬라인이요 수로페니키아 종족"(막 7:26)이다. 다시 말해 이 여인은 "이방의 죄인"(갈 2:15)일 뿐만 아니라, "종들의 종"(창 9:25)이었다. 그럼에도 불구하고 이 여인은 예수님을 메시아의 호칭인 "다윗의 아들"(22절)로 부르고 있다.

2) 이에 반해 주님께서 행하신 기적을 보고 무리들이 "이분이 다윗의 아들이 아니냐?"(12:23)라고 했을 때, 종교지도자들은 "이 사람이 마귀들의 통치자인 비엘세붑을 힘입지 않고서는 마귀들을 쫓아낼 수 없다"(12:24)라고 말하면서 예수님을 마귀로 간주했다. 이런 점을 비교해 볼 때 비록 그 여인이 이방 여인이었음에도 불구하고, 그녀는 메시아를 마귀로 둔갑시키려는 바리새인들보다 훨씬 더 뛰어난 분별력을 가지고 있었음이 분명하다.

2. "예수님과 제자들의 반응"(23,24절)

1) 그녀의 부르짖음에 대한 제자들의 반응은 우선 누가복음 18장에 나타난 "불의한 재판관"과 같았다. 『**이 과부가 나를 귀찮게 하므로 내가 그녀의 원한을 갚아 주리라. 그렇지 않으면 그 여인이 계속 와서 나를 귀찮게 하리라**』(눅 18:5). 제자들은 그녀의 부르짖음에 그녀를 도와주려 하기보다는 오히려 문전박대했다.

2) 그렇다면 예수님께서는 어떠하셨는가? 예수님께서는 그녀가 실족하고도 남을 만큼 강력한 반응을 보이셨다(24절, cf. 12절). 왜냐하면 예수님께서는 자기 백성, 곧 이스라엘 집의 잃어버린 양을 위해 오셨기 때문이다(1:21; 10:5,6).

3. 주께 받아들여진 믿음(25-28절)

1) 하지만 그녀는 먼저 주님께 경배를 드리며 도움을 구했다(25절). 그녀의 기도는 마태복음 14장에서 베드로가 물에 빠졌을 때 외쳤던 그 부르짖음과 동일하다. 다만 주님의 응답 속도와 내용이 전혀 다른데, 주님께서는 『**자녀들의 빵을 가져다가** 개들[이방인, 시 22:16]**에게 던져 주는 것이 옳지 않도다.**』(26절)라고 인종차별적인 발언을 하시면서 이 여인의 요청을 단칼에 거절하셨다.

2) 하지만 그녀는 자기를 "개"라고 하신 예수님의 말씀에 실족하거나 분개하지 않고, 자신이 "개"라는 사실을 인정하되 오히려 "솔로몬의 지혜"를 인용한다. 『**의로운 사람은 자기 짐승의 생명을 돌보아 주나, 악인의 온유한 자비들은 잔인하니라**』(잠 12:10). 이 사건은 자신이 죄인임을 시인함으로써 예수님을 구주로 영접하는 죄인에 대한 훌륭한 예표이기도 하다.

이스라엘의 하나님

1. "치유의 표적"과 "이스라엘의 구속"(29-31절)

1) 비록 종교지도자들로부터 거부를 당하셨지만, 완전히 거부를 당해 십자가에 못 박히시기까지 예수님께서는 여전히 왕국 복음을 전파하시며 표적을 행하고 계신다(8:16, 11:5). "투로와 시돈"을 떠나 갈릴리로 오신 주님께 무리들이 모여들었고, 그들 앞에 행해지는 표적을 통해 그들은 "이스라엘의 하나님"께 영광을 돌리고 있다(31절).

2) <u>"이스라엘의 하나님"께서는 이처럼 "치유하는 주"시다(출 15:26). 출애굽에서 시작된 표적은 주로 "치유의 표적"으로 "이스라엘의 구속"과 관련이 있다</u>. 그러므로 이스라엘이 왕국으로 들어갈 그때 이러한 표적은 메시아에 의해 다시 행해지게 될 것이다(겔 34:16, 사 33:24; 35:6).

3) 따라서 이스라엘을 구속하시는 "이스라엘의 하나님"은 이방인과는 아무런 관련이 없고, 다만 이방인에게는 "개"에게 부스러기를 주시듯 은혜를 베풀고 계실 뿐이다. 결국 대환란 기간에 이스라엘을 선대한 "양"에 속한 민족을 제외하고는 이방인들은 모두 왕국 기간에 그분의 철장으로 깨뜨려질 것이다(마 25:32,33, cf. 시 2:9).

"기도와 간구"에 관한 영적 적용

❶ 자신의 상황과 처지에 대해 무엇보다 정직해야 한다.
❷ 결코 자기중심적이거나 이기적이어서는 안 된다.
❸ 아무런 응답이 없어 보일지라도 끊임없이 간구함으로써 주님을 향한 굳건한 신뢰와 담대함을 가질 수 있다.

2. 다시 나타난 빵의 기적(32-39절)

1) 이방 여인을 대하시던 모습과는 달리 예수님께서는 지금 자신을 따르는 무리를 가엾게 여기시고 연민을 느끼고 계신다(32절). 그런데 이미 "오천 명을 먹이신 기적"을 경험한 제자들은 또다시 그들의 "믿음 없음"을 보이고 있다.

2) 예수님은 무리들을 굶겨 보내기를 원치 않으셨지만, 제자들은 이 "큰 무리"를 배부르게 할 만한 충분한 빵이 없고 심지어 이곳은 이전처럼 "광

야"라는 점을 주님께 다시 한번 각인시켜 드리고 있다. **이러한 모습은 "큰 믿음"(15:28)에 대해 칭찬받은 이방 여인과는 매우 대조적인 모습이며, "적은 믿음"(14:31)이라 핀잔을 받던 그들의 "믿음 없음"을 반복적으로 보여 주고 있다.**

3) 그럼에도 불구하고 주님은 이스라엘에 대해 끊임없는 관심을 가지고 계신다. 비록 그들이 "이스라엘의 하나님"을 거부했을지라도, 주님은 결코 이스라엘을 완전히 버리시지 않는다. 『**여인이 자기의 젖먹는 아이를 잊을 수 있겠으며 자기 태에서 난 아들에게 동정하지 않겠느냐? 정녕, 그들은 잊을지라도 나는 너를 잊지 아니할 것이라**』(사 49:15). 이것이 바로 이스라엘을 향한 하나님의 뜻이다.

■ 새롭게 깨달았거나 적용할 내용이 있다면 적어 보세요. ■

제4과
복습문제

1. 바리새인들이 식사 전에 손을 씻는 것은 모세의 율법과는 전혀 상관없는 그들만의 전통에 불과하다. 다만 율법에서 "씻는 것"에 관한 규정은 시체를 만지거나 특별한 경우와 사건에 대해서만 주어진 명령이다. (O , X)

2. "하나님의 (　　　　　　)"은 더러운 죄들을 씻고 깨끗게 하지만, 이와는 반대로 "인간의 (　　　　　　)"은 오히려 그 사람을 더럽힐 뿐이다.

3. 성경대로 믿는 그리스도인들은 신실하게 주님을 섬겼던 종들이 남겨놓은 "믿음의 발자취"를 따르려 하는데, 이것 또한 성경은 "(　　　　　　)"이라고 말씀하신다(살후 2:15).

4. 말씀과 동일시하거나 그보다 더 위에 권위를 두려고 하는 모든 시도들은 말씀을 (　　　　　　)하려는 마귀의 술책에서 비롯된 것이다(막 7:13).

5. 출애굽 당시에 시작된 표적은 주로 "치유의 표적"으로서 이것은 "이스라엘의 (　　　　　　)"과 관련이 있다. 그래서 이스라엘이 왕국으로 들어갈 때 이러한 표적은 메시아에 의해 다시 행해지게 된다(겔 34:16, 사 33:24; 35:6).

■ 복습 문제의 정답은 홈페이지(www.solomonbtc.org)에서 확인할 수 있습니다.

NOTES

NOTES

제5과

반석 위에 세워진 교회
(16장)

『나도 너에게 말하노니, 너는 베드로라. 그리고 이 반석 위에 내가 나의 교회를 세우리니, 지옥의 문들이 그것을 이기지 못하리라』(마 16:18).

표적을 요구하는 바리새인과 사두개인

『바리새인들과 사두개인들이 주께 와서 주를 시험하여 하늘로부터 온 표적을 보여 달라고 요구하더라. 주께서 그들에게 대답하여, 말씀하시기를 "저녁이 되면 너희는 '하늘이 붉으니 날씨가 좋겠구나.' 라고 말하고 또 아침에는 '하늘이 붉고 찌푸리니 오늘은 날씨가 궂겠구나.' 하나니, 오 너희 위선자들아, 너희가 하늘의 현상은 분별할 줄 알면서도 시대의 표적들은 분별할 줄 모르느냐? 악하고 음란한 세대가 표적을 구하나 선지자 요나의 표적밖에는 줄 표적이 없도다." 하시고 그들을 떠나가시니라』(1-4절).

1. 유대인들은 표적을 구하는 민족이다(고전 1:22).

➠ 유대인들은 표적으로 시작된 민족으로서, 그들은 하나님께로부터 보냄을 받은 선지자나 메시지의 진위를 확인하는 데 표적을 요구했다. 예수님께서도 유대인들이 그런 민족이라고 말씀하셨다. 『**그러자 예수께서 그에게 말씀하시기를 "너희는 표적들과 이적들을 보지 아니하고는 전혀 믿지 아니하리라."고 하시더라**』(요 4:48).

1) 마태복음 12:38에서 서기관들과 바리새인들은 본문과 똑같은 요구를 한다. 『**그때 서기관들과 바리새인들 몇 사람이 대답하여 말씀드리기를 "선생님, 우리는 선생님에게서 표적을 보기 원하나이다."라고 하더라**』(12:38).

2) **예수님께서는 서기관과 바리새인들이 시대의 표적들보다 날씨에 더 관**

심을 가진 점에 대해 책망하셨다. 그리스도인도 데살로니가전서 5:1-6에 근거한 시대의 표적들보다 육신과 관련된 일들에 더 관심을 가지면 주님께 책망을 받게 된다. 성도가 늘 주시해야 할 것은 재림의 징조이다.

3) 표적을 요구하는 백성들에게 "위선자"(극단적인 비평가)라고 하신 것은, 그들이 5천 명을 먹이시는 기적을 보고서도 믿지 않았고, 4천 명을 먹이시는 기적을 보고서도 주님을 시험했는데(마 16:1), 그런데도 여전히 표적을 요구하며 주님을 시험했기 때문이다. 그들은 주님께서 어떤 표적을 행하시더라도 거부할 준비가 되어 있었던 것이다.

2. 마태복음 12장과 16장에서 표적을 요구받으셨을 때 주님께서 동일하게 제시하신 한 가지 표적은 "요나의 표적"이었다(12:39; 16:4).

➡ 요나의 표적은 예수 그리스도의 죽음과 부활을 알려 주는 표적이다. 요나는 죽어서 지옥에 갔다가 사흘 만에 부활하신 선지자로서의 예수 그리스도를 예표하는 인물이다(욘 2:2-10, 마 12:40). 그때까지 예수 그리스도께서 보여 주신 표적들을 거부해 버린 완악한 민족에게 주님께서 보여 주실 수 있는 최후의 표적이 바로 죽음에서의 "부활"이며, 이 표적은 이후 사도들이 유대인들을 다루는 사역에서 중심 요소로 자리를 잡게 된다(행 1:21,22; 2:31,32; 3:15; 4:10,33; 5:29-32; 10:39-41 등). 하지만 유대인들은 이 부활의 표적마저도 거부하고 말았다.

■ 새롭게 깨달았거나 적용할 내용이 있다면 적어 보세요. ■

바리새인들과 사두개인들의 누룩

『제자들이 건너편으로 갈 때 빵을 가져가는 것을 잊었더라. 그때 예수께서 그들에게 말씀하시기를 "바리새인들과 사두개인들의 누룩을 주의하고 조심하라."고 하시니… 그때서야 그들은 주께서 빵의 누룩을 조심하라고 말씀하신 것이 아니라 바리새인들과 사두개인들의 교리를 조심하라 하신 것임을 깨닫더라』(5-12절).

1. 성경에서 누룩은 죄와 거짓 교리를 상징한다(고전 5:6, 마 16:12).

1) 주님께서는 바리새인들과 사두개인들의 누룩, 곧 그들의 거짓 교리에 대해 경고하셨다. 우리가 아는 바와 같이 바리새인들과 사두개인들은 그들의 교리에 있어서 서로 다르다.

(1) **바리새인들은 자선을 하고, 십일조를 하고, 의로우며, 금식도 하고, 기도도 하고 영과 천사와 부활을 모두 믿는 정통주의자들이다.**

(2) **사두개인들도 자선을 베풀며 십일조도 하고 의롭고 금식도 하며 기도도 하지만, 그들은 어떤 영적 존재나 육체적 부활도 믿지 않는 자유주의자들이다.**

(3) 그들은 이러한 교리적인 차이 때문에 사도행전 23장에서 바울 앞에서 서로 다투기도 했다. 그러나 주목할 만한 점은 이들이 교리적인 문제에 있어서는 서로 갈라졌지만, **예수 그리스도를 대적하고 시험한다는 점에 있어서는 하나**가 되었다는 사실이다. 일종의 에큐메니칼 연합을 이룬 것이다. **빌라도와 헤롯도 예수 그리스도를 대적할 때는 서로 친구가 되었다(눅 23:12).**

2. 제자들은 주님께서 "누룩을 조심하라."라고 말씀하시자 "빵"이라는 먹는 문제에 집착했다.

『그들이 서로 의논하며 말하기를 "이는 우리가 빵을 가져오지 않았기 때문이라."고 하더라』(7절). 그들은 영적이어야 할 때 육신적인 사람이 되었던 것이다.

1) 예수님께서는 주님과 함께 있는 한 빵에 대해 걱정하지 않아도 된다는 사실을 말씀하시며 제자들을 책망하셨다.

『예수께서 이를 아시고 그들에게 말씀하시기를 "오 너희 믿음이 적은 자들아, 어찌하여 너희가 빵을 가져오지 않았다고 해서 서로 의논하느냐? 너희는 아직도 빵 다섯 덩어리로 오천 명을 먹이고 몇 광주리를 거두었으며, 또 빵 일곱 덩어리로 사천 명을 먹이고 몇 광주리를 거두었는지 깨닫지도 못하며 기억하지도 못하느냐? 너희는 내가 너희들에게 빵에 관하여 말한 것이 아니고 바리새인들과 사두개인들의 누룩을 조심하라는 것임을 어찌하여 깨닫지 못하느냐?』(8-11절)

2) 인간은 주님께서 비유적으로 말씀하시면 문자적으로 받아들이고(본문), 문자적으로 말씀하시면 비유적으로 이해하려는(15:11,15-20) 특성이 있다.

3) 요한복음 6장에서 주님께서 "주님의 살을 먹고 피를 마시는" 것은 주님의 말씀을 "믿는" 것이라고(35,40,63,64절) 하셨음에도 유대인들은 그 비유를 문자적인 살과 피를 먹고 마시라는 뜻으로 받아들여서 실족하고 말았다.

4) <u>성경의 모든 구절은 일차적으로 문자적으로 해석해야 하지만, 문자적으로 해석할 수 없을 때는 상징과 비유로서 받아들여야 한다. 이것이 성경을 바르게 해석하는 방법이다</u>.

3. 주님의 말씀을 들은 제자들은 누룩을 조심하라는 말이 바리새인들과 사두개인들의 교리를 조심하라는 것임을 깨달았다(12절).

1) 마태복음 13:33에는 "누룩"의 비유가 나오는데, 그것은 실제적인 누룩이 아니라 어떤 여인(로마카톨릭)이 기독교계에 집어넣은 "거짓 교리"이다.

2) 바리새인들과 사두개인들의 교리는 다음과 같은 것들이다.

(1) 이신론(약 2:19)

(2) 전통과 형식주의(막 7:9-13) - 성경 대신 최종권위가 된다.

(3) 몸의 부활을 부정함(행 23:8),

(4) 총체적인 한 번의 부활(요 11:24) - 성경 예언의 바른 체계를 반대한다.

(5) 긴 옷을 입고 다니는 것(눅 20:46)

(6) 종교지도자들에게 아버지라는 칭호를 사용하는 것(마 23:9)

(7) 남들에게 보이고자 길게 기도하는 것(눅 20:47) - 이런 기도는 응답받을 수 없다.

(8) 전 세계적인 교회를 만들겠다는 야망(마 23:15) - 신약성경은 이런 종교적 위선자들을 가리켜 "예수 그리스도를 죽인 자들"이라고 부른다(행 3:13-15; 5:28-30; 7:52, 살전 2:15).

4. 마태복음에서 누룩은 "거짓 교리"이다. 16장에서는 먹는 문제보다 교리적인 문제가 더 중요함을 말씀하신다.

➡ 거짓 교리에 빠지는 것은 먹는 문제의 위험성보다 더 위험하다. 이 점은 거듭난 그리스도인들에게도 교리 문제가 얼마나 중요한가를 보여 준다(딤전 4:15,16, 딤후 2:15-19, 엡 4:14, 롬 16:17,18). 마지막 때에 살고 있는 그리스도인들은 하나님의 말씀을 영적으로 해석해 버리는 자들을 주의해야 하며, 자기들의 교리에 맞추기 위해 말씀에 첨가하거나 말씀을 대체해 버리거나 문맥에서 한 구절을 빼 버리는 해석을 특히 주의해야 한다.

인자인 나를 누구라 말하느냐?

1. 예수님께서 제자들에게 주님 자신에 대한 사람들의 반응을 물으셨을 때(13,14절), 사람들이 나타낸 반응은 다음과 같았다.

➡ ① 침례인 요한이라고도 하고(마 14:1,2, 요 1:19,20,25), ② 엘리야라고도 하며(말 4:5), ③ 또 예레미야(의외의 반응)라고도 했다.

2. 제자들에게 『그러면 너희는 나를 누구라 말하느냐?』(15절)라고 물으셨을 때, 사도 베드로의 반응은 다음과 같았다.

➡ 시몬 베드로는 『**주는 그리스도, 곧 살아 계신 하나님의 아들이시니이다.**』(16절)라고 대답했다. 주님께서는 시몬을 가리켜 복이 있다고 하시면서 이를 그에게 나타낸 것은 혈과 육이 아니라 『**하늘에 계신 나의 아버지시니라.**』(17절)라고 하셨다. 종종 베드로에게는 남다른 초자연적인 계시가 주어지곤 했었다(마 17:4, 눅 5:8).

3. 주님께서는 이와 같은 고백을 한 베드로에게 다음과 같이 말씀하셨다.

『나도 너에게 말하노니, 너는 베드로라. 그리고 이 반석 위에 내가 나의 교회를 세우리니, 지옥의 문들이 그것을 이기지 못하리라. 그리고 내가 천국의 열쇠들을 너에게 주리니, 네가 무엇이든지 땅에서 묶으면 하늘에서도 묶일 것이요, 또 네가 무엇이든지 땅에서 풀면 하늘에서도 풀릴 것이니라." 하시니라』(18,19절).

1) 본문은 로마카톨릭에 의해서 오용되는 부분이다. 본문의 반석을 "베드로"라고 해석하여, 베드로라는 반석 위에 교회가 세워졌으니 "초대 교황"인 베드로를 계승한 로마카톨릭이 지상에서 그리스도를 대신하는 유일한 교회가 되며, 더 나아가 베드로에게 천국의 열쇠들을 주셨으니, 로마카톨릭을 통해서만 구원을 받고 로마카톨릭을 통해서만 천국이 확장된다고 주장하는 것이다.

2) <u>반석은 베드로가 아니다</u>.

(1) 베드로는 반석을 예수 그리스도라고 했다(벧전 2:4,8).

(2) 바울도 반석을 그리스도라고 했다(고전 10:1-4).

(3) 예수님께서도 자기 자신이 반석이라고 하셨다(마 21:42,44, cf. 단 2:34,35).

(4) 베드로를 "반석"으로 삼는 자는 이스라엘의 적이다(신 32:31).

(5) 예수 그리스도는 이스라엘의 구원을 위한 반석이시다(신 32:31).

(6) 이스라엘의 대적들의 반석은 소돔의 포도나무이고 그들의 포도주는 용과 독사들의 독이다(신 32:31-33). 따라서 베드로를 반석으로 삼고서 매주 미사 때마다 포도주를 들이키는 로마카톨릭은 용의 독을

마시는 사탄의 교회이다.

➡ <u>마태복음 16:18의 "반석"은 베드로가 아니다. 베드로 위에 세워진 교회라면 그 교회는 사탄의 교회가 된다. 왜냐하면 예수님께서는 23절에서 베드로에게 "사탄아, 내 뒤로 물러가라."고 말씀하시기 때문이다</u>. 예수 그리스도 위에 세워진 교회는 지옥의 문들에 위협을 받지 않지만, 베드로 위에 세워진 교회는 지옥의 문들에 영원히 갇히게 된다.

4. 베드로가 받은 천국의 열쇠는 베드로가 복음의 문을 연다는 것을 보여 준다(행 2장 - 유대인, 10장 - 이방인).

➡ 열쇠는 문을 열기 위한 것이며, 문은 복음이 전파되기 위한 "기회"로 제시된다(고후 2:12, 계 3:7,8).

1) <u>교리적으로 베드로의 열쇠는 "천국"에만 해당된다(천국의 열쇠들)</u>. 교리적으로 볼 때 이 구절은 베드로가 이스라엘 백성에게 천국 복음을 선포하여 그들에게 천국의 문을 열어 준 것에 적용된다.

2) <u>사도행전 초반부에서 사도들의 관심은 왕국의 회복에 있었고(행 1:6), 그 후로 전개되는 사도들의 사역은 7장까지 왕국에 초점이 맞춰져 있었다</u>. 베드로는 사도행전 2,3,4,5장에 걸쳐서 이스라엘 백성들에게, 또 "악하고 음란한 세대"였던 바리새인과 제사장들에게 여러 번에 걸쳐 물리적인 지상 왕국인 천국과 관련된 복음을 전파했다. 그가 한 번이 아니라 여러 번에 걸쳐서 이 일을 했으므로 "열쇠들"(복수)이라고 말씀하신 것이다.

5. 주님께서는 그 후 제자들에게 당부하시기를, 자기가 그리스도이신 예수인 것을 아무에게도 말하지 말라고 하셨다(20절).

사탄아, 내 뒤로 물러가라!

베드로는 16절에서 위대한 신앙고백을 하자마자 사탄의 도구로 전락한다. 주님께서 『자기가 예루살렘에 가야 될 것과, 장로들과 선임 제사장들과 서기관들로부터 많은 고난을 받아야 될 것과 죽임을 당할 것과, 셋째 날에 다시 일으켜질 것을 제자들에게 알려 주기 시작하시』(21절)자, 주님을 붙들고 말렸다가 『사탄아, 내 뒤로 물러가라. 너는 나에게 걸림이 되는도다. 이는 네가 하나님의 일들을 생각하지 않고 사람의 일들을 생각함이라.』(23절)라는 강한 책망을 들었던 것이다.

1. 베드로가 받은 책망

➟ <u>베드로는 하나님의 일보다 사람의 일을 더 중요하게 생각했기 때문에 호된 책망을 면할 수 없었다. 하나님의 뜻은 하나님을 첫째로 사랑하는 것이다(마 22:37,38)</u>.

2. 21절(십자가)은 27절의 영광이 있기 전에 선행되어야 할 일이다.

『그 때로부터 예수께서 자기가 예루살렘에 가야 될 것과, 장로들과 선임 제사장들과 서기관들로부터 많은 고

> 난을 받아야 될 것과 죽임을 당할 것과, 셋째 날에 다시 일으켜질 것을 제자들에게 알려 주기 시작하시더라』(21절). 『이제 인자가 자기 아버지의 영광으로 자기 천사들과 함께 오리니, 그때에 그가 각자에게 그들의 행한 대로 상 주실 것이라』(27절).

➠ 이러한 구도는 **"십자가 없이는 면류관이 없다!"(No Cross, No Crown!)** 라는 명제를 잘 설명해 준다. 그리스도인이 천년왕국에서 통치하기 위해서는 지금 교회 시대에 예수 그리스도의 이름으로 고난을 겪어야 한다(롬 8:17, 딤후 2:12).

3. 주님께서는 24-26절에서 헌신을 위한 위대한 설교를 하신다.

> 『그때 예수께서 제자들에게 말씀하시기를 "누구든지 나를 따라오려거든 자기를 부인하고 자기 십자가를 지고 나를 따르라. 누구든지 자기 생명을 구하고자 하면 잃을 것이요, 누구든지 나를 위하여 자기 생명을 잃으면 얻으리라. 사람이 온 세상을 얻고도 자신의 혼을 잃는다면 무슨 유익이 있겠느냐? 또 사람이 자기 혼을 무엇과 바꾸겠느냐?』(24-26절)

1) **이 역시 이어지는 27절과 연계해서 "십자가 없이는 면류관이 없다!"(No Cross, No Crown!)라는 원칙을 보여 준다.** **『이제 인자가 자기 아버지의 영광으로 자기 천사들과 함께 오리니, 그때에 그가 각자에게 그들의 행한 대로 상 주실 것이라』**(27절).

2) 말하자면 주님께서는 주님께서 친히 지실 십자가를 언급하신(21절) 뒤,

그분의 제자가 되고자 하는 이들이 져야 할 그들 자신의 십자가를 말씀하신 것이다(24,25절). 믿음과 행위로 인자의 재림과 왕국을(27,28절) 기다려야 할 유대인들과 관련해서는 자기 십자가를 지고(21절) 자기 목숨을 아끼지 않는 순교가(계 20:4) 혼의 구원을 위한 조건이 될 수 있음을 암시하셨다(26절).

4. 주님의 말씀

➠ 주님께서는 『**진실로 내가 너희에게 말하노니, 여기 서 있는 사람들 몇은 인자가 그의 왕국으로 오는 것을 볼 때까지 죽음을 맛보지 아니하리라.**』(28절)라고 말씀하셨는데, 이 말씀은 다음 17장에 나오는 "변형산 사건" 때 성취된다.

■ 새롭게 깨달았거나 적용할 내용이 있다면 적어 보세요. ■

제5과 복습문제

1. 유대인들은 (   )을 구하는 민족이다(고전 1:22).

2. (   )는 죽어서 지옥에 갔다가 사흘 만에 부활하신 선지자로서의 예수 그리스도를 예표하는 인물이다.

3. 바리새인들과 사두개인들의 누룩은 그들의 (   )를 가리킨다.

4. 『나도 너에게 말하노니, 너는 베드로라. 그리고 이 반석 위에 내가 나의 교회를 세우리니, 지옥의 문들이 그것을 이기지 못하리라.』(마 16:18)라는 말씀에서 반석은 (   )이시다.

5. 믿음과 행위로 인자의 재림과 왕국을 기다려야 할 유대인들은 자기 십자가를 지고 자기 목숨을 아끼지 않는 순교가 그들의 혼의 구원을 위한 조건이 된다. (O , X)

6. 『누구든지 자기 (   )을 구하고자 하면 잃을 것이요, 누구든지 나를 위하여 자기 (   )을 잃으면 얻으리라』(마 16:25).

■ 복습 문제의 정답은 홈페이지(www.solomonbtc.org)에서 확인할 수 있습니다.

NOTES

제6과

위대한 재림을 예시한 변형산 사건(17장)

『그들 앞에서 변형되시니 그의 얼굴은 해처럼 빛나고 그의 옷은 빛처럼 희어지더라』(마 17:2).

재림의 예표인 변형산 사건

『엿새 후에 예수께서 베드로와 야고보와 야고보의 형제 요한을 데리고 따로 떨어져 있는 높은 산으로 올라가시어, 그들 앞에서 변형되시니 그의 얼굴은 해처럼 빛나고 그의 옷은 빛처럼 희어지더라. 그런데, 보라, 모세와 엘리야가 그들에게 나타나서 주와 함께 이야기하더라. 그러자 베드로가 예수께 대답하여 말씀드리기를 "주여, 우리가 여기 있는 것이 좋사오니 주께서 원하시면 여기에 장막 셋을 짓되, 하나는 주를 위하여, 하나는 모세를 위하여, 하나는 엘리야를 위하여 짓겠나이다." 라고 하더라』(1-4절).

1. 재림의 모습을 보여 주신 주님

➠ 16:28에서 『**진실로 내가 너희에게 말하노니, 여기 서 있는 사람들 몇은 인자가 그의 왕국으로 오는 것을 볼 때까지 죽음을 맛보지 아니하리라.**』 라고 말씀하신 주님께서는 "엿새 후에" 왕국으로 오시는 모습, 곧 재림의 모습을 보여 주셨다.

1) "엿새 후에"라는 말은 베드로후서 3:8의 체계에 따르면 "6천 년 후에"라는 의미이다. 『**사랑하는 자들아, 주께는 하루가 천 년 같고 천 년이 하루 같은 이 한 가지를 잊지 말라**』(벧후 3:8). 따라서 "엿새 후에"라는 것은 "6천 년 후에," 곧 "7천 년째" 주님께서 재림하실 것을 보여 주는 말씀이 된다.

2) 재창조 주간의 제5일에 "생명"이 처음으로 등장하듯이(창 1:21) 예수님

께서는 구약의 4천 년이 지난 후인 5천 년째에 참 생명으로서 지상에 나타나셨다. 주님께서는 아담으로부터 "6천 년이 지나면" 영광스럽게 재림하실 것인데, 바로 이 점을 "엿새 후에" 변형산에서 재림의 모습으로 변형되신 일로 보여 주신 것이다.

3) 동일한 사건을 다루는 누가복음 9:28에서는 『**이 말씀을 하신 후 <u>약 팔일째 되는 날</u> 주께서 베드로와 요한과 야고보를 데리고 기도하러 산으로 올라가시더라.**』라고 말씀한다. 『**약 팔일째 되는 날**』(about an eight days)이라는 말은 "제팔일이 될 즈음에"라는 말이기 때문에, 이 역시 대략적으로 일곱째 날을 의미한다. 마태복음의 기록("엿새 후에")과 누가복음의 기록("약 팔일째 되는 날")이 서로 다른 것을 보고 성경에 모순이 있다고 해서는 안 된다.

4) 누가복음에서 여덟 번째 날을 강조한 것은 나름대로 영적인 의미가 있다. 왜냐하면 제칠일은 제팔일과 연속되기 때문이다. 말하자면 인류 역사 7천 년째인 천년왕국이 끝나면 영원 세계로 이어지는데, 이 점은 예수 그리스도께서 탄생하실 때 그분의 왕국이 영원할 것이라는 예언과 정확히 일치한다.

『보라, 네가 너의 태 안에 임신하여 한 아들을 낳으리니 그의 이름을 예수라 하라. 그는 위대하게 될 것이며, 가장 높으신 분의 아들이라 불릴 것이요, 또 주 하나님께서 그에게 그의 조상 다윗의 보좌를 주실 것이며 그는 야곱의 집안을 영원히 통치할 것이요 그의 왕국은 무궁하리라."고 하니라』(눅 1:31-33).

5) 일곱 번째 천 년인 천년왕국은 영원으로 이어진다. 천년왕국이 끝나고 영원 세계가 이르기 전에 최후의 반란이 있고 하늘과 땅이 불로 소멸되는 사건이 있음에도 불구하고 성경은 천년왕국을 의로운 세계로 묘사하고 있으며(사 11장), 그 왕국이 영원으로 이어진다고 말씀하고 있다.

2. 따로 떨어져 있는 높은 산

➡ 『**따로 떨어져 있는 높은 산**』(1절)은 출애굽기 19장에 제시된 시내 산을 가리킨다. 주님께서는 스카랴 14:4에 제시된 것처럼 올리브 산 위에 서실 것이지만 그에 앞서 시내 산으로 오실 것이다.

3. 변형되신 예수 그리스도

1) 예수님께서 『**그들 앞에서 변형**』되신(2절) 일은 사도 베드로가 "베드로후서 1:16,17"에서 다시 한번 증거하고 있으며, "얼굴이 해처럼 빛나는" 모습은 요한계시록 1:14-16에 제시된 모습과 똑같다.

『그의 머리와 머리털은 눈처럼 희어서 양모처럼 하얗고, 그의 눈은 불꽃 같더라. 그의 발은 용광로에 달군 듯한 빛나는 놋 같고, 음성은 많은 물 소리와도 같으며 그의 오른손에는 일곱 별을 가졌고 또 입에서는 날카로운 양날 가진 칼이 나오며, 용모는 해가 그 맹렬한 기세로 비치는 것 같더라』(계 1:14-16).

2) 재림하시는 예수 그리스도께서는 더 이상 이사야 53장의 연약한 모습이

아니시다. 주님께서는 말라기 4:2의 『**의의 태양**』으로서 매우 찬란하게 오실 것이며, 의인들은 그분과 함께 아버지의 왕국에서 해처럼 빛날 것이다(마 13:43).

4. 변형산 사건 때 『모세와 엘리야』(3절)가 나타나 주님과 이야기했다.

1) 재림을 미리 보여 준 변형산 사건에서 이 두 인물이 나타난 것은 그들이 재림과 연관된 사람들임을 나타낸다. 그들은 예수님께서 재림하시기 전 대환란 "후 3년 반"의 기간에 예루살렘에서 재림 직전까지 적그리스도의 세력과 싸우게 될 두 증인인 것이다(계 11:3-12).

2) 모세와 엘리야는 예수님의 재림과 관계되는 사람들이며, 그들은 여러 가지 면에서 예수님과 유사하다.

(1) 세 사람 모두 "따로 떨어져 있는 높은 산"(시내 산)에 있었다(출 24:18, 왕상 19:8-15, 마 4:1-13).

(2) 세 사람 모두 40일 동안 금식했다(출 24:18, 눅 4장, 왕상 19:8).

(3) 세 사람 모두 "주(LORD) 앞에" 있다(출 33:21, 왕상 17:1, 행 2장, 히 8:1; 12:1-3).

(4) 세 사람 모두 이스라엘 백성에게 보냄을 받았다(출 2-4장, 왕상 17,18장, 눅 4장, 마 10:1-8).

(5) 세 사람 모두 기적적인 방법으로 물을 건넜다(출 14,15장, 왕하 2장, 마 14장).

(6) 엘리야와 모세는 예수님께서 침례 받으셨던 곳에서 생애를 마쳤다(신 34장, 왕하 2장, 요 1:28).

(7) 세 사람 모두 그들의 사역을 이어 나갈 후계자가 있었다(신 3:24-28,

왕하 2장, 롬 15:8,9, 행 9:15,16).

(8) 세 사람 모두 초자연적인 일을 행했다(출 5-10장, 왕상 17:1, 약 5:17, 계 11:3-6, 마 14:31-33).

5. 장막을 짓겠다고 말한 베드로

➠ 베드로는 변형되신 주님의 모습을 보고는 『**주여, 우리가 여기 있는 것이 좋사오니 주께서 원하시면 여기에 장막 셋을 짓되, 하나는 주를 위하여, 하나는 모세를 위하여, 하나는 엘리야를 위하여 짓겠나이다.**』(4절)라고 했다.

1) 베드로는 예수님을 모세와 엘리야와 동일선상에 놓는 우를 범했지만, 그의 말 속에는 주님의 재림에 대한 내용이 들어 있다.

2) 베드로가 언급한 "장막 셋"은 장막절을 연상시키며, 구약의 일곱 명절 가운데 맨 마지막에 위치한 장막절은 재림과 관련된 이스라엘 민족의 회복과 천년왕국에서의 안식을 예표한다.

6. 구름 속에서 들린 하나님의 음성

➠ 베드로가 아직 말하고 있을 때 빛나는 구름이 그들 위를 덮더니 구름 속에서 아버지 하나님의 음성이 들려왔다.

『이는 내 사랑하는 아들이요, 그 안에서 내가 기뻐하노니 너희는 그의 말을 들으라』(5절).

1) 인간은 교황이나 마리아, 마호메트, 알라, 부처의 말이 아닌 "하나님의 아들"의 말씀을 들어야 한다. 예수 그리스도에 관해서는 우리가 그분의 말씀을 들어야 한다는 것이 구약 시대부터 명령으로 주어졌다.

『내가 그들의 형제들 가운데서 너와 같은 한 선지자를 그들에게 일으켜서 내 말들을 그의 입에 두리라. 그리하면 그는 내가 그에게 명령할 모든 것을 그들에게 말하리라. 그가 내 이름으로 말할 내 말들에 경청하지 않는 자는 누구라도 내가 그에게 그것을 요구하리라』(신 18:18,19).

2) 예수님께서는 그분 자신이 신명기 18장에서 예언된 모세와 같은 선지자, 곧 하나님께서 그분의 말씀을 그의 입에 두신 선지자이심을 분명히 밝히셨다.

『나를 거절하고 내 말들을 받아들이지 아니하는 자는 그를 심판할 이가 있으니, 곧 내가 말한 그 말이 그를 마지막 날에 심판하리라. 이는 내가 스스로 말한 것이 아니고 나를 보내신 아버지께서 내가 말할 것과 이를 것을 명하셨음이니 나는 그분의 계명이 영생임을 아노라. 그러므로 내가 말하는 것은 무엇이나 아버지께서 나에게 말씀하신 것을 그대로 이르는 것이라』(요 12:48-50).

7. 구름 속에서 들려오는 음성에 두려워한 제자들

➡ 하늘에서 들려온 음성에 제자들은 얼굴을 땅에 대고 심히 두려워했고,

예수님께서 오셔서 그들을 만지시며 "일어나라. 그리고 두려워 말라."라고 하시자(6,7절) 그들이 눈을 들어 보니 예수님 외에는 아무도 보이지 않았다(8절).

8. 변형산 사건 후에 예수님과 제자들이 산에서 내려갈 때 나눈 대화는 다음과 같다.

1) **『인자가 죽은 자들로부터 다시 살아날 때까지는 아무에게도 그 광경을 말하지 말라』**(9절).

2) **『어찌하여 서기관들은 엘리야가 먼저 와야 한다고 말하나이까?... 과연 엘리야가 먼저 와서 모든 것을 회복할 것이라. 그러나 내가 너희에게 말하노니, 엘리야가 이미 왔으나 사람들이 그를 알아보지 못하고 그들 마음대로 대하였도다. 이와 같이 인자도 그들에게 고난을 받으리라』**(10-12절).

(1) 제자들은 주님의 말씀을 듣고 침례인 요한이 그 엘리야임을 깨달았다(13절).

(2) 침례인 요한이 오기로 한 엘리야인 이유는 다음과 같다.

① 침례인 요한은 그의 출생이 고지될 때부터 엘리야와 밀접한 관련이 있었다. **『그는 엘리야의 영과 능력을 가지고 주 앞에 앞서 가서』**(눅 1:17).

② 침례인 요한은 그가 태어나서 행할 일들이 엘리야가 와서 행할 일들과 실질적인 의미에서 같았다.

➡ "<u>침례인 요한</u>" : **『아비들의 마음을 자식들에게로, 불순종한 자들을 의인들의 지혜로 돌아오게 하며, 주를 위하여 마련해 놓은 백성을 예비시키리라』**(눅 1:17).

➡ "엘리야" : 『**보라, 내가 주의 크고 무서운 날이 오기 전에 선지자 엘리야를 너희에게 보내리니, 그가 아비들의 마음을 자식들에게로, 자식들의 마음을 그들의 아비들에게로 돌이켜, 내가 와서 땅을 저주로 치지 않게 하리라**』(말 4:5,6).

③ 예수님께서도 침례인 요한이 오기로 한 엘리야임을 인정하셨다. 『**과연 엘리야가 먼저 와서 모든 것을 회복할 것이라. 그러나 내가 너희에게 말하노니, 엘리야가 이미 왔으나 사람들이 그를 알아보지 못하고 그들 마음대로 대하였도다**』(17:11,12).

④ 엘리야는 『**주의 크고 무서운 날**』(말 4:5), 곧 재림이 이르기 전에 메시아보다 먼저 와서 그분의 길을 예비하기로 되어 있었기 때문에(말 4:5,6, 사 40:3), 만일 초림 당시 유대인들이 예수님을 그들의 메시아로 받아들였더라면 침례인 요한이 엘리야가 될 수도 있었다(요 1:23). 말하자면 재림과 관련된 구약의 예언들이 초림 때 성취되어 초림이 재림이 될 수도 있는 상황이었던 것이다. 그러나 유대인들이 그들의 메시아를 십자가에 넘겨줌으로써 재림은 2천 년 뒤로 연기되었고, 침례인 요한은 실질적으로 엘리야의 사역을 했음에도 엘리야가 되지 못했다. 바로 이러한 이유로 엘리야는 요한계시록 11장에서 등장하여 메시아께서 다시 오시는 길을 예비하게 되는 것이다.

3) 예수님께서 한 가지 더 강조하신 것은 침례인 요한처럼 예수님도 고난을 당하신다는 것이었다(12절). 백성들이 침례인 요한이라는 선지자를 알아보지 못하고 그들 마음대로 대했듯이(결국 헤롯에게 죽음), 그들 자신의 메시아 역시 알아보지 못하고 마음대로 대하다가 죽게 할 것이라는 것이다.

믿음과 금식과 기도

주님께서 변형산에서 내려오시어 무리에게로 오시자, 불 속에도 넘어지고 물속에도 빠지는 미친 아들을 제자들이 고치지 못한다며 한 사람이 주님께 와서 무릎을 꿇고 말씀을 드렸다(14-16절). 주님께서는 믿음이 없고 비뚤어진 세대라며 책망을 하신 후, 주님께 데려온 아이에게서 마귀를 쫓아내셨다(17,18절). 왜 자신들은 마귀를 쫓아내지 못한 것이냐는 제자들의 질문에, 주님은 겨자씨 한 알만한 믿음만 있다면 불가능한 일이 전혀 없을 것이라고 말씀하시면서, 첫째, 그들에게 믿음이 없어서 못 쫓아낸 것이고, 둘째, 그런 종류의 마귀는 기도와 금식에 의하지 않고는 나가지 않는다고 가르쳐 주셨다(19-21절).

1. "믿음이 없고 비뚤어진 세대"는 단순히 제자들만이(마 8:26; 14:31) 아니라, 믿지 못했던 군중들을 포함하는 표현이다(마 6:30).

➡ "세대"라는 말씀은 마귀를 쫓아내지 못한 것이 전적으로 제자들만의 잘못은 아니라는 것을 보여 준다. 같은 상황을 더 자세히 묘사하고 있는 마가복음 9:14-29은 벙어리 영이 들려 고통받는 아이에 관해 제자들과 서기관들 사이에 논쟁이 있었음을 보여 주고 있다. 예수 그리스도께서는 그 시간 그곳에 있던 모든 사람을 싸잡아서 믿음이 없는 세대라고 책망하셨던 것이다.

2. 주님께서는 믿음이 없는 세대를 언제까지 "참아야" 하시느냐고 말씀하셨다.

➠ 주 예수 그리스도께서는 믿음이 없는 세대를 참으시면서 그들을 고쳐 주시고 요구사항을 들어주신 것인데, 이 점은 우리에게도 마찬가지이다. 주님은 또한 우리의 믿음 없음을 참아 주시면서 많은 자비와 은혜와 복을 내려주신 것이다. 이 점을 알고 있는 우리는 믿음으로 담대하게 섬기는 모습을 주님께 보여 드려야 한다. "참음"에는 "고통"이 수반되는데, 주님은 우리의 믿음 없음을 고통스러워하시면서도 많은 호의를 베풀어 주셨기 때문이다(14:31).

3. 마귀가 의지와 신체를 완전히 점유하여 피해자의 몸을 불과 물 속에 던질 정도라면 그 사람은 악령에 의해 완전히 점령당한 것이다.

➠ 이런 경우에는 단순한 기도가 아닌 "기도"와 "금식"이 필요하다고 주님께서 말씀하셨는데, 은사주의자들은 이 점을 악용하여 자신들의 신유집회에서 써먹는다. 그러나 주님의 말씀은 왕국 복음에 수반되는 치유의 표적의 일환으로서 하신 말씀이다.

1) 표적은 이스라엘을 위한 왕국 복음의 특징 중 하나로, 그 표적 중에 중요한 것은 병 고침과 마귀를 쫓아내는 것이다(4:23,24; 8:16). 예수님께서는 마귀를 쫓아내시면서 이스라엘을 회심시키시는 것이다.

2) 왕국 복음은 제자들에게 위임되었고, 그 복음의 표적인 병 고침과 마귀를 쫓아내는 능력도 제자들에게 위임되었다(10:8). 그러나 그들은 마태복음 17:6에서는 그 능력을 발휘하지 못했다. 주님은 그 원인이 그들의 믿음 없음에 있다고 책망하셨으며, 또한 이 병든 아이는 매우 특별한 경우로서 기도와 금식이 필요하다고 말씀하셨다.

3) 은혜의 복음이 전파되는 교회 시대의 그리스도인들에게는 왕국 복음과 관련된 표적으로서의 은사는 없을지라도, 마귀 들린 자의 치유를 위해 금식하며 기도할 수는 있다. 다만 마태복음 17:21을 교리화하지 않는 범위 내에서 그렇게 해야 하며, 예수 그리스도의 이름으로 기도하면 반드시 응답받는다는(요 14:13; 16:23,26) "믿음"으로 구해야 한다. "겨자씨 한 알만 한 믿음"으로 큰일이 이뤄질 수 있다(17:20). 주님께 너무 어려워서 못하실 일은 없다(창 18:14). 기도 응답을 방해하는 것은 우리의 불신인 것이다(히 11:6).

카이사의 것은 카이사에게

갈릴리에 머무시는 동안 주님은 제자들에게 주님 자신의 고난과 죽음과 부활에 관해 말씀하셨고, 제자들은 이를 매우 슬퍼했다(22,23절). [예수님의 고난과 죽음은 16:21에서도 하신 말씀이었고, 그 이후로 20:17,18에서도 반복되는데, 이는 그 일이 임박해 있음을 알려주시는 것이다.]

주님께서 제자들과 카퍼나움에 오셨을 때는 세금 거두는 자들에 의해 주님의 세금 납부 문제가 거론되었다(24절). 이를 들은 베드로가 집에 오자 주님께서 먼저 그 문제를 꺼내셨으며(25절), 그들을 실족하게 해서는 안 되므로, 바다에 가서 낚시를 던져 올라오는 첫 번째 물고기를 잡아 그 입을 열면 나오는 동전 한 개를 찾아 그것을 주님과 베드로를 위하여 세금 거두는 자들에게 주라고 말씀하셨다(26,27절).

➡ 주님께서는 세상 정부를 위해 일하는 자들을 실족시키지 않기 위해서

세금을 내셨다(27절). 이 말씀은 주님과 주님의 제자들은 세금을 내지 않아도 되는 사람들이라는 뜻이 담겨 있는데 왜 그런 것인가? 세상의 왕들이 그들의 자손들이 아닌 타인들에게서 관세와 정세를 걷듯이(25절), 주님께서 장차 세상 나라들을 접수하시어 그분의 왕국으로 삼으시면(계 11:15) 왕이신 주님과 왕국의 자녀들인 제자들은 세금이 면제되기 때문이다. 비록 "지금은" 주님의 왕국이 이 세상에 속한 것이 아니지만(요 18:36), 주님의 왕국이 될 세상에서 그 왕국의 자녀들이 갖는 특권을 설명하셨던 것이다. 예수님께서는 비록 그렇다 해도 무지한 사람들을 실족시키지 않기 위해 세금을 내라고 하셨다.

■ 새롭게 깨달았거나 적용할 내용이 있다면 적어 보세요. ■

제6과
복습문제

1. 변형산 사건과 관련하여, 마태복음 17:1의 "엿새 후에"라는 말은 베드로후서 3:8의 체계에 따르면 "(   )천 년 후에"라는 의미이다.

2. 변형산 사건 때 나타난 (   )와 (   )는 재림과 관련하여 사역할 요한계시록 11장의 두 증인이다.

3. 만일 유대인들이 메시아를 받아들였더라면 침례인 요한은 말라키 4:5,6에서 예언된 (   )가 될 수 있었다.

4. 교회 시대에도 금식 기도만 하면 강한 악령을 쫓아낼 수 있다. (O , X)

5. 예수님과 제자들은 장차 재림 때 세상 나라들을 접수하여 주님의 왕국으로 삼을 것이라는 점에서 초림 때 왕들에게 (   )을 내실 필요가 없었다.

6. 『그러자 베드로가 예수께 대답하여 말씀드리기를 "주여, 우리가 여기 있는 것이 좋사오니 주께서 원하시면 여기에 (   ) 셋을 짓되, 하나는 주를 위하여, 하나는 모세를 위하여, 하나는 엘리야를 위하여 짓겠나이다."라고 하더라』(마 17:4).

■ 복습 문제의 정답은 홈페이지(www.solomonbtc.org)에서 확인할 수 있습니다.

NOTES

NOTES

NOTES

< 추 천 도 서 >

마태복음

피터 S. 럭크만 지음 / 748쪽

35,000원(eBook 11,900원))

마태복음은 교회와 교회 시대를 대상으로 기록된 책이 아니라, 유대인과 왕국을 겨냥하여 기록된 책이다.

열린 성경 닫힌 마음

이송오 목사 지음 / 216쪽

7,000원(eBook 4,900원)

이 책은 성경에 대해 닫혀 있는 눈과 마음을 뜨게 하여, 성경을 왜 나누어서 공부해야 하고 어떻게 나누어 볼 수 있는지 알게 한다.

하나님의 나라와 천국

피터 S. 럭크만 지음 / 280쪽

12,000원(eBook 4,900원))

본서는 천국(Kingdom of Heaven)과 하나님의 나라(Kingdom of God)를 구분하여 정확하게 알려준다.

세대적 진리

클라렌스 라킨 지음 / 322쪽 / 32,000원

1920년에 출간된 이 책은 세대주의 연구의 기초가 되는 책으로 클라렌스 라킨의 역작이며, 성경을 연구하는 모든 그리스도인들의 필독서이다.

■ 서울솔로몬학교 성경연수원 ■

『네가 진리의 말씀을 올바로 나누어 자신이 하나님 앞에 부끄럽지 않은 일꾼으로 인정받도록 공부하라』(디모데후서 2:15). 오늘날 하나님께서 원하시는 일꾼이 제대로 길러지지 않는 이유는 성경을 공부하지 않기 때문입니다. 본 연수원은 이 나라 교회들이 복음도 제대로 전하지 않고 성경도 체계적으로 가르치지 않는 것을 보고서 하나님의 유능한 인재를 양성하기 위해 아래의 교육과정을 개설했습니다.

▶ **<킹제임스성경신학교> 교수진의 정선된 강의와 수준 높은 성경공부 교재로 성경을 쉽고 정확하게 배울 수 있습니다.**

▶ **본 과정을 이수하면 수료증이 수여되고 <킹제임스성경신학교> 2학년으로 편입할 수 있습니다.**

1. 모집 대상 : 성경을 공부하기 원하는 남녀노소
2. 교육 기간 : 1박 2일(합숙 가능, 금요일 오후 7시 입소, 토요일 오후 4시 퇴소),
1일 특강(토요일 오전 10시 입소, 오후 4시 퇴소)
3. 참 가 비 : 12만 원(교재 및 숙식비 포함)
4. 교육 과정

1) 단기 성경연수 과정(1박 2일, 1일 특강)

요한계시록	로마서	마태복음	요한복음	다니엘
사도행전	히브리서	야고보서	베드로전후서	에스겔
갈라디아서	에베소서	빌립보서	골로새서	이사야
고린도전후서	목회서신	창세기	출애굽기	소선지서
데살로니가전후서	여호수아	재판관기	사무엘상하	열왕기상하
성경의 비유들	세대주의	이단연구	적그리스도	이스라엘

2) 주일학교 성경교사 자격증반(1박 2일, 매월 1회 총 12주 과정)

3) 한글킹제임스성경 통독교실(1박 2일)

4) 크리스찬 청소년 리더십 캠프(2박 3일)

5) 크리스찬 청소년 음악 캠프(2박 3일)

※ 각 과정 별로 구령하는 방법을 1시간씩 교육합니다.

www.solomonbtc.org

강화도에 위치한 본 연수원은 동쪽으로는 바다, 서쪽으로는 길상산, 북쪽으로는 호수와 넓은 들이 펼쳐져 있는 최상의 휴식처로서, 등산, 낚시, 트레킹을 할 수 있고, 일천 그루의 잣나무 숲에서 성경을 공부하고 기도하며 쉴 수 있는 최적의 환경입니다. 남녀 생활관에서 합숙이 가능하며, 가족 동반 시 게스트하우스(콘도형 빌라)를 이용할 수 있습니다. 초지대교에서 좌회전 후 4분 거리에 있으며, 지하철 5호선 방화역에서 셔틀 차량이 운행됩니다. 인천광역시 강화군 길상면 장흥로 29-6 / (02) 2665-3743

솔로몬 성경공부 시리즈

마 태 복 음

제3권 왕국의 연기와 천국의 신비들(13-17장)

초판1쇄 2021년 4월 22일
초판2쇄 2021년 5월 21일
지 은 이 / 편 집 부
발 행 인 / 이 송 오
발 행 처 / 말씀보존학회
출판등록 / 1988. 12. 12. 제16-223호
주 소 / 서울 강서우체국 사서함 제90호
전 화 / (02) 2665 - 3743
팩 스 / (02) 2665 - 3302
인 터 넷 / www.biblemaster.co.kr
판권소유 / 말씀보존학회

잘못된 책은 바꿔 드립니다.

값 10,000 원